Dr. med. Johanna Krause
Leben mit hyperaktiven Kindern

SERIE GESUNDHEIT
PIPER/C & H
Band 2221

Zu diesem Buch

Das hyperkinetische Syndrom, Ursache der Hyperaktivität, ist
eine häufige Erkrankung des Kindes- und Jugendalters, die oftmals verkannt wird. Dieses Buch ist eine Anleitung zum besseren
Verständnis der Störungen und bietet Hilfe im Umgang mit den
Betroffenen. Die Autorin stellt das Krankheitsbild verständlich
dar und geht auf die Ursachen des hyperkinetischen Syndroms
ebenso ein wie auf die Frage nach der notwendigen medizinischen
und psychologischen Diagnostik. Sie zeigt den Verlauf der Entwicklung eines Kindes mit dieser Störung und stellt Behandlungsmöglichkeiten vor. Hilfe finden die betroffenen Familien auch
über die aufgeführten Kontaktadressen.

Johanna Krause, Dr. med., geboren 1946 in Berlin, ist seit 1977
Nervenärztin und erhielt nach ihrer Ausbildung im Weiterbil-
dungskreis Psychotherapie in Heidelberg 1984 die Anerkennung
als Psychotherapeutin. Seit 1990 ist sie als Psychotherapeutin in
eigener Praxis niedergelassen.

Dr. med. Johanna Krause

Leben mit hyperaktiven Kindern

INFORMATIONEN UND RATSCHLÄGE

Mit 3 Abbildungen und 3 Tabellen

PIPER MÜNCHEN
CHAPMAN & HALL WEINHEIM

SERIE GESUNDHEIT
PIPER/C & H

Dr. med. Johanna Krause
Postfach 151
85511 Ottobrunn

In diesem Buch enthaltene Dosierungsangaben wurden mit aller
Sorgfalt überprüft. Dennoch übernehmen Autorin und Verlage
– auch im Hinblick auf mögliche Druckfehler – keine Gewähr für die
Richtigkeit. Dem Leser wird empfohlen, sich vor einer Medikation
in jedem Fall über Indikationen, Kontraindikationen und Dosierung anhand des Beipackzettels oder anderer Unterlagen des Her-
stellers zu unterrichten. Das gilt insbesondere bei selten verwende-
ten oder neu auf den Markt gekommenen Präparaten.

ISBN 3-492-12221-3
Originalausgabe September 1995
R. Piper GmbH & Co. KG, München
© Chapman & Hall GmbH, Weinheim 1995
Umschlag: Federico Luci
Foto: Julius Leufen, Düsseldorf
Gesamtherstellung: Clausen & Bosse, Leck
Printed in Germany

Inhalt

Vorwort

Hyperaktive Kinder haben es schwer. Häufig werden sie von Außenstehenden lediglich als temperamentvoll und besonders fröhlich eingeschätzt. Wird das expansive Verhalten aber störend, dann wird meist mit Fingern auf die Eltern gezeigt. Sie werden für das Verhalten ihrer Kinder verantwortlich gemacht, und die Ratlosigkeit und Not, in der sie sich ohnehin befinden, wird noch vergrößert. Die Eltern sind hilflos, schämen sich ihrer Kinder und begegnen diesen dadurch nicht mehr unbefangen. Und da sie so viel negative Rückmeldung über ihre Kinder erfahren, geraten sie zunehmend in eine soziale Isolation. Sie können ihre Kinder nicht Freunden zur Betreuung überlassen, und sie können zu Besuchen ihr hyperaktives Kind nicht mitnehmen, da dessen Verhalten unangenehm auffällt; und Einladungen werden zunehmend seltener. Die Stellung dieser Kinder in der Familie wird dadurch noch schwieriger. Die Kinder selbst sind in der Gruppe der Gleichaltrigen in einer schlechten Position. Sie gelten als die ständigen Störenfriede und unruhigen Geister, die sich oft in heftige Auseinandersetzungen begeben und sich bei Gruppenspielen meist nicht an die Regeln halten. In der Schule fallen sie durch ihre Unruhe und durch Clownerien auf und geraten schnell in eine Außenseiterposition. Man kann sagen, daß sich das hyperaktive Kind einen Milieuschaden selbst schafft, ohne dies zu wollen oder beeinflussen zu können.

In den letzten Jahren hat der Bekanntheitsgrad des hyperkinetischen Syndroms erheblich zugenommen. Dennoch gibt es viele Ärzte, Psychologen und Pädagogen, die dieses Krankheitsbild nicht kennen und keine angemessene Hilfe und Beratung geben können. Zugleich wird in der Öffentlichkeit eine Vielzahl von Behandlungen empfohlen, von medikamentöser über diätetische bis hin zu psychotherapeutischer und bewegungstherapeutischer Behandlung. Eltern sind oft überfordert, aus dem großen Angebot zum Teil unseriöser und unwirksamer Hilfen die richtige Behandlung für ihre Kinder auszuwählen. Nicht selten haben sie eine Odyssee von verschiedenen Therapien und Beratungen hinter sich, bevor ihnen eine konkrete und effektive Hilfe zuteil wird.

Auf der Suche nach Rat und Hilfe müssen sich Eltern häufig sagen lassen, sie seien intolerant und wollten lediglich ihr etwas schwieriges Kind »pflegeleichter« machen lassen. Dabei wird übersehen, daß vor allem die Kinder Hilfe brauchen. Sie leiden unter ihrer Unruhe und den daraus resultierenden Schwierigkeiten und laufen dabei Gefahr, eine erhebliche Fehlentwicklung zu nehmen. Diesen Langzeitauswirkungen wurde erst in den letzten Jahren die entsprechende Beachtung geschenkt.

Mit diesem Buch schließt Frau Dr. Krause in der inzwischen recht umfangreichen Literatur zum hyperkinetischen Syndrom eine Lücke. Hier schreibt eine betroffene Mutter, die selbst einen langen Weg gehen mußte, bis sie eine angemessene Hilfe erfahren hat, und die dadurch sehr persönlich die Nöte der hyperaktiven Kinder und ihrer Eltern schildern kann. Zugleich besitzt sie als Nervenärztin die Kompetenz und das Fachwissen, um die therapeutischen Möglichkeiten präzise zu beschreiben und deren Wirksamkeit und Stellenwert kritisch zu beleuchten. Die Verknüpfung von einfühlsamer Schilderung der Situation dieser Kinder und ihrer Familien mit einer anspruchsvollen Beschreibung des aktuellen Wissensstandes über dieses Krankheitsbild, verbunden mit ganz konkreten Empfehlungen zum Umgang mit diesen Kindern in verschiedenen Situationen, wird sicher vielen Familien eine sehr große Hilfe sein.

Prof. Dr. med. Götz-Erik Trott
Ltd. Oberarzt der Klinik und Poliklinik für Kinder- und Jugendpsychiatrie der Universität Würzburg

1 Einleitung

Vor 150 Jahren hat der Frankfurter Nervenarzt Dr. Heinrich Hoffmann das Buch vom Struwwelpeter verfaßt. Hoffmann hat darin Auffälligkeiten im Verhalten der Kinder seiner Zeit beschrieben, und es ist sicher kein Zufall, daß die Geschichte vom Zappel-Philipp geradezu zum Inbegriff einer die Umgebung eines Kindes sehr belastenden »Unart« geworden ist. Damit ist schon eine erste Antwort auf die Frage gegeben, ob »unsere Zeit« schuld an dieser Störung ist; hier gilt nicht die These »unruhige Zeiten = unruhige Kinder«. Hoffmanns Darstellung des Zappel-Philipps könnte fälschlicherweise zu der Annahme verleiten, daß der Philipp einfach nur nicht stillsitzen *will*; der entscheidende Punkt ist, daß er es überhaupt nicht *kann*. Außerdem wird dargestellt, daß der Vater glaubt, mit erzieherischen Mitteln die Situation bei Tisch verändern zu können, während die Mutter nach der Mühe des Tages schon längst resigniert hat.

Eltern hyperaktiver Kinder haben ein besonderes Schicksal zu bewältigen: Sie haben kranke Kinder, aber keiner glaubt es ihnen. Seit ich nach langer Suche endlich Hilfe für mein Kind in einer medikamentösen Therapie und für mich in einer Elterngruppe gefunden habe, weiß ich, daß unser Schicksal eher die Regel als die Ausnahme darstellt. Ich möchte allen Betroffenen Mut machen, die Suche nach einer hilfreichen Therapie nicht aufzugeben und sich durch Fehleinschätzungen auch von Fachleuten nicht entmutigen zu lassen. Die Kinder brauchen die Unterstützung der Eltern in dieser Situation ganz besonders, weil sie am meisten darunter leiden, als Störenfried oder zorniger Tunichtgut angesehen zu werden, ohne daß sie in der

Lage wären, diesen Zustand zu beenden. Es handelt sich um eine nicht dem Willen der Betroffenen zugängliche mangelhafte Steuerung des Verhaltens im Emotionalen und in der Bewegung und nicht um eine fehlgeschlagene Erziehung, an deren Ende alles wie in der Geschichte vom Zappel-Philipp zu Bruch geht.

In diesem Ratgeber soll der Versuch unternommen werden, das sehr verschiedenartig auftretende Krankheitsbild des hyperkinetischen Syndroms, das die Ursache für das Zappeln, für die Widersprüchlichkeit, für die Unfähigkeit, sich einzuordnen und für die mangelnde Konzentrationsfähigkeit ist, allen verständlich zu machen, die in irgendeiner Form Umgang mit diesen Kindern haben.

Es ist erstaunlich, wie viele Fachleute – Kinderärzte, Psychologen und auch Lehrer – noch immer nicht genau über dieses häufige Krankheitsbild informiert sind. Daraus ergibt sich für eine Reihe von Eltern das Problem, selbst entscheiden zu müssen, ob der befragte Fachmann aus ihrer Sicht die Störung des Kindes richtig eingeordnet hat, ober ob alles nur auf eine »Psychoschiene« abgeschoben wird, bei der am Anfang eine Paartherapie der Eltern steht. Es mag den Eltern helfen, sich aussprechen zu können, denn das Leben in einer Familie mit einem hyperaktiven Kind stellt eine enorme Belastung für eine Beziehung dar. Gerade der Zweifel: »Handelt es sich nun um eine Krankheit oder ist das Verhalten durch Erziehungsfehler bedingt?« führt häufig zu unerträglichen Schuldgefühlen. Den betroffenen Kindern selbst ist mit der Psychotherapie der Eltern jedoch nicht direkt geholfen, die Ursache der Störung nicht gefunden.

In unserer Zeit ist das Umweltbewußtsein glücklicherweise besser ausgeprägt als vor drei Jahrzehnten während des Wirtschaftsaufschwungs in der Nachkriegszeit. Gleichzeitig führt die Furcht vor Umweltgiften und chemisch veränderten Lebensmitteln vielfach zu Ängsten, die oft unbegründet sind, wenn man bedenkt, daß die Mehrheit der in Europa lebenden Menschen sich noch nie so gesund ernährt hat wie heute. Bei der Beschreibung einzelner Symptome des hyperkinetischen

Syndroms gibt es durchaus Parallelen zu Krankheitserscheinungen, die auch im Rahmen einer Nahrungsmittelallergie auftreten können. Eine Gleichsetzung der beiden Krankheitsbilder sollte aber wegen der unterschiedlichen Therapiestrategien
unterbleiben.

In diesem Buch soll auch behandelt werden, was zu beachten
ist, damit Familien mit einem »Zappel-Philipp« trotz aller Probleme ihren Optimismus nicht verlieren und auch in Zeiten mit
schweren Belastungen zu ihrem Kind stehen können. Glücklicherweise ist es den Menschen nicht gegeben, sich das super-
pflegeleichte Kind aus einem Katalog auszuwählen, um sich
und der Umwelt dann in einem mißverstandenen Ehrgeiz die
eigenen erzieherischen Fähigkeiten als Eltern beweisen zu können. Es ist durchaus möglich, auch mit diesen Kindern glücklich zu werden, die keineswegs den Klischees der Superkinder
aus der Welt der Fernsehwerbung entsprechen. Der in Kapitel
12 wiedergegebene Bericht einer Mutter mit drei betroffenen
Kindern belegt dies. Ich bin froh, daß ich diese lebensnahe
Schilderung einer breiteren Öffentlichkeit zugänglich machen
darf.

2 Was ist Hyperaktivität?

Mit diesem Begriff wird ein Verhalten etikettiert, das eigentlich vor allem eines meint: Alle fühlen sich von der Unruhe der Betroffenen nachhaltig gestört. Jeder hat schon in seiner näheren Umgebung einen rastlosen, mit unbändiger Energie gesegneten kleinen Jungen erlebt, der seine Mitmenschen im Hinblick auf ihre Toleranz gehörig prüft. Nach den Untersuchungen der Weltgesundheitsorganisation leiden mindestens 4 Prozent der Weltbevölkerung an dieser Störung, 80 Prozent davon sind Buben, Mädchen zeigen also viermal weniger dieses Phänomen. Das ist auch in der Literatur zu sehen, wo mit dem Zappel-Philipp und dem Michel aus Lönneberga solchen Jungen ein Denkmal gesetzt wurde. Heute wird in vielen populärwissenschaftlichen Artikeln in Zeitschriften zu diesem Thema Stellung genommen, wobei die Autoren oft meinen, daß die Störung zunehme. Wissenschaftlich gesehen stimmt das in dieser Form wohl nicht. Zunehmende Probleme mit der Hyperaktivität sind sicherlich dadurch entstanden, daß die Anforderungen an Kinder infolge Verstädterung und schulischem Leistungsdruck gestiegen sind und somit die Möglichkeiten, ein »kindgerechtes« Leben mit Bewegungsfreiheit ohne ständige Aufsicht durch Eltern oder Erzieher zu führen, stark eingeschränkt wurden. Außerdem führt die stark rückläufige Kinderzahl in den einzelnen Familien zu einer verstärkten Erwartungshaltung der Eltern in bezug auf das Leistungsverhalten des einzelnen Kindes. Andererseits nehmen heute die Menschen gesundheitliche Einschränkungen nicht mehr als unabwendbares Schicksal hin und suchen vermehrt Hilfe. Diese Entwicklung könnte den Eindruck einer Zunahme der Erkrankung vermitteln, es handelt sich jedoch nicht um ein Krankheitsphänomen im Sinne eines Zivilisationsschadens. In dem Begriff Hyperaktivität ist vieles zusammengefaßt: Gemeinsam ist den meisten Kindern eine starke innere Spannung, die sich in jedem Lebensalter anders äußert. Schon im frühen Säuglingsalter fällt das geringe Schlafbedürfnis auf, selten sind diese Babies nach dem Trinken wohlig satt und zufrieden, oft schreien sie ihr ganzes »Unglück« in die Welt hinaus.

Sobald die Kinder laufen können, ist nichts mehr vor ihnen sicher, da sie oft zwar ungeschickt aber dennoch sehr schnell ihr angestrebtes Ziel erreichen. Da es in diesem Alter nichts gibt, was ihre Aufmerksamkeit länger bindet, wechseln die Objekte ihres Interesses schnell, was den Eindruck vermittelt, daß sie ständig von einem Ort zum nächsten hasten, ohne sich mit einer Sache eingehender zu befassen.

Im Kindergartenalter gibt es in einigen Familien eine Entlastung, weil allmählich die »Legozeit« beginnt, die viele Kinder erstmals so in ihrer Konzentration bindet, daß die Hoffnung aufkommt, die Probleme seien nun vorbei, es gebe jetzt endlich etwas, was auch dieses Kind begeistern und Ruhe finden lassen könne.

Während sich der Bewegungsdrang auffallend durch »Legospielen« und Fernsehen unterdrücken läßt, gilt diese »Beruhigung« in anderen Bereichen überhaupt nicht. Wenn auch die Gewöhnung der häuslichen Umgebung an die Eigenarten des Kindes den Eindruck vermittelt, es würde nun endlich besser, sind oftmals die Klagen aus den Kindergruppen um so ausgeprägter. Hier können sich die Betroffenen nicht in den Stuhlkreis integrieren oder stören das ruhige Spielen der übrigen Kinder geradezu gezielt. Die Außenseiterposition wird durch dieses Verhalten verfestigt.

Bei besonders stark betroffenen Kindern werden – mit weitreichenden Folgen – schon vor der Einschulung die Weichen falsch gestellt, wenn das Verhalten in seinem Krankheitswert nicht erkannt wird. Es unterbleibt eine entsprechende Behandlung. Statt dessen erfolgt in sehr schweren Fällen oft schon die Einschulung in eine Spezialeinrichtung – heute Fördereinrichtung genannt – für verhaltensgestörte Kinder, die häufig den weiteren Weg in die Sonderschule einleitet, was bei durchschnittlich oder höher begabten Kindern zu einer weiteren Quelle von Verhaltensanomalien werden kann.

Im Schulalter gelingt es den Kindern dann meist, mit ihrer Unruhe die Lehrer zur Verzweiflung und die Mitschüler zum Lachen zu bringen. Sie bleiben selten längere Zeit sitzen, laufen ständig interessiert herum und versuchen, stets die Aufmerksamkeit aller zu erwecken. In dieser Lebensphase kommt es dann häufig schon zu so ernsthaften Problemen, daß die Schulbehörden auf einer Vorstellung beim Schulpsychologen oder bei der Erziehungsberatung bestehen. Hier hängt es vom Wissensstand des Untersuchers ab, ob er die zugrundeliegende Störung erkennt oder ob er das Verhalten als Ausdruck von Erziehungsfehlern einstuft. Wiederum droht die Umschulung in den Sonderschulbereich.

Die Hausaufgabenerledigung stellt die meist damit betrauten Mütter vor ein schier unlösbares Problem. Selbst kleinere Arbeiten werden nur im Verlauf des gesamten Nachmittags erledigt, weil die Kinder ständig unkonzentriert und extrem leicht ablenkbar sind. Ihre Klage, daß ihnen keine Freizeit verbleibt, ist berechtigt; aber sie können daraus nicht den notwendigen Schluß ziehen, daß sie ihre Hausaufgaben zielstrebiger erledigen müssen. Je nach Ausprägung der Störung wird auch den Betroffenen schnell klar, daß sie anders sind als die meisten Mitschüler. Hier entwickelt sich ein Teufelskreis, bei dem die Spannungen im Elternhaus nicht gerade das Vertrauen zwischen Kindern und Eltern fördern. Die Kinder haben keine Erklärung für ihr Gefühl der Andersartigkeit und verspüren Scham, weil sie oft erleben, daß sie versagen. Zusätzlich entwickeln sie Schuldgefühle, weil sie mit ihrem Verhalten die Familie belasten. Sie neigen zu Heimlichkeiten, weil sie dem äußeren Druck nicht mehr gewachsen sind, selbst im vertrauten Kreis verschließen sie sich und können deshalb von ihren Konflikten nicht berichten.

Bei den weniger stark von Unruhe geplagten Schülern fällt in der weiteren Schulzeit nur auf, daß sie häufig »etwas zum Papierkorb bringen, etwas vom Boden aufheben müssen«; sie sind geschickt darin, den Eindruck zu erwecken, daß sie geplante Ziele verfolgen, hinter denen sie ihren Bewegungsdrang verbergen.

Nach der Pubertät kann der Wunsch nach körperlicher Bewegung in eine Unlust umschlagen, lediglich die Finger trommeln auf irgendwelche Unterlagen oder die Füße sind in ständiger Bewegung. Gleichzeitig kann eine enorme Intoleranz gegenüber anderen bewegungsunruhigen Kindern wie zum Beispiel jüngeren Geschwistern auftreten, was zu vielen Reibereien im Tagesablauf der Familie führt. Nach außen wirken die Jugendlichen relativ ruhig, während sie innerlich sehr gespannt und unruhig sind. Diese Entwicklung verführt oftmals sogar Fachleute zu dem Fehlschluß, daß die Hyperaktivität ein Problem des Kindesalters ist, das sich nach der Pubertät von selbst gibt. Dabei wird nicht gesehen, daß der Bewegungsdrang nur *ein* Symptom des Krankheitsbildes des hyperkinetischen Syndroms neben anderen ist. Das Buch vom Struwwelpeter bietet auch in dieser Hinsicht Anschauungsmaterial. Zwar ist die Geschichte vom Zappel-Philipp den meisten Menschen am bekanntesten, jedoch werden in den anderen Geschichten wie denen vom bösen Friederich oder Hans-Guck-in-die-Luft weitere Verhaltensweisen beschrieben, die den Betroffenen mindestens soviel Ärger einbringen wie die Hyperaktivität. Astrid Lindgren hat mit der Beschreibung der Streiche des Michel aus Lönneberga gezeigt, welche Kreativität solche Kinder besitzen, die sie aber leider vor allem in Kindheit und Jugend nicht unbedingt zu ihrem und ihrer Umgebung Nutzen einsetzen.

Im folgenden Kapitel soll nun das gesamte Erscheinungsbild des hyperkinetischen Syndroms besprochen werden, wobei verständlich wird, warum es manchmal so schwierig ist, die richtige Diagnose zu stellen.

3 Was ist das hyperkinetische Syndrom?

Erst seit knapp drei Jahrzehnten ist das Krankheitsbild des hyperkinetischen Syndroms, dessen eines Symptom die Hyperaktivität ist, intensiver von einer Reihe von Forschern untersucht worden. Diese Störung ist eben keine Zeiterscheinung, sondern eine häufiger auftretende Krankheit des Menschen, nicht nur des Kindes, wie später noch erklärt werden wird. Das Krankheitsbild tritt auf wie ein Chamäleon. Die *Zappeligkeit* kann dabei als das fast bei allen Kindern vorhandene gemeinsame Leitsymptom angesehen werden, das das Erscheinungsbild prägt. Viele Jungen und Mädchen haben aber ein weiteres schwerwiegendes Problem, und zwar eine stets unterschwellig vorhandene *Aggressivität*. Es wird oft berichtet, daß diese Kinder ohne erkennbaren Grund knuffen, schlagen und treten. Beginn, Intensität und Dauer der Erkrankung können sehr verschieden sein, erste Symptome sind jedoch gewöhnlich bereits vor dem Schulalter vorhanden. Neben der Klage über die *Unruhe* der Kinder und das *geringe Schlafbedürfnis* sind weitere häufige Auffälligkeiten *Konzentrationsschwäche* und *impulsives Handeln* ohne vorheriges Nachdenken. Außerdem fallen die Betroffenen durch *unvermittelte Reizbarkeit* auf, sie geraten schnell in schreckliche *Wutanfälle*, sie handeln, ohne vorher die Folgen des Tuns bedacht zu haben (s. Tab. 3-1). Sie befinden sich schnell in gefährlichen Situationen, ohne daß sie in der Lage sind, die Gefahr zu erkennen. Rasch haben die Kinder das Etikett »Nervensäge«, sie werden oft frühzeitig aus der Gemeinschaft ausgeschlossen, weil sie nicht »normal« sind; sie fallen auf – zunächst sicher, ohne es zu beabsichtigen –, später, weil sie darin – beispielsweise als Klassenkasper – ihre ver-

Tabelle 3-1: Mögliche Symptome des hyperkinetischen Syndroms

Zappeligkeit
Konzentrationsmangel
Impulsivität
Unvermittelte Reizbarkeit (Wutanfälle)
Aggressivität
Schlafstörungen
Teilleistungsstörungen
Ungeschicklichkeit
Vermehrtes Redebedürfnis

meintlich einzige Chance sehen, von den anderen akzeptiert zu werden. Wegen der meist vorhandenen Kombination von Zappeligkeit und Konzentrationsstörung verwendet man im englischen Sprachraum jetzt die Bezeichnung ADHD (attention deficit and hyperactivity disorder) für dieses Krankheitsbild.

Ungefähr ein Drittel der Betroffenen hat außer den oben erwähnten Schwierigkeiten auch *Teilleistungsstörungen*, das heißt ihr Gehirn erkennt bestimmte Dinge nicht so, wie es bei den meisten Menschen im Regelfall funktioniert. Sie leiden beispielsweise unter einer optischen Wahrnehmungsstörung und können sich deshalb auch nicht merken, wie Buchstaben auf einer Zeile angeordnet werden, und wissen nicht, wie man ein *p*, ein *d* oder ein *b* einordnet und auseinanderhalten kann. Dies führt zu einer *Lese- und Rechtschreibstörung* (Legasthenie), die oft nicht erkannt wird, besonders dann nicht, wenn sich das Kind auch ansonsten nicht wie gefordert am Unterricht beteiligt und ständig stört. Diese Unfähigkeit zum Lesen oder Schreiben wird als Unwilligkeit ausgelegt, das Kind fühlt sich zu Recht mißverstanden und stört noch mehr, die Spirale der Mißverständnisse dreht sich immer schneller, zumal in der Eingangsstufe der Schule der Leselernprozeß im Vordergrund steht.

Dieses Phänomen, sich etwas Gesehenes nicht merken zu können, betrifft nicht nur Buchstaben, es können genauso die

Zahlen und damit die Rechenfertigkeiten betroffen sein; leider ist über diese *Rechenstörung* (Dyskalkulie) noch weniger bekannt. Die Eltern brauchen viel Kraft bei der Suche nach Hilfe, weil das Nichtkönnen als Dummheit ausgelegt wird, ein Angebot zur speziellen Unterrichtung zumeist unterbleibt. Die Konzentrationsstörung führt dazu, daß das Kind eine Anordnung der Eltern oder Lehrer zwar hört, aber schon kurze Zeit danach wieder vergessen hat, und sich erst dann erinnert, wenn es ermahnt wird. Aus diesem Verhalten ergibt sich der Vorwurf, das Kind erledige nie seine Pflichten.

Eine weitere Störung betrifft die körperliche *Geschicklichkeit*. Die Kinder wirken oft etwas tapsig, fallen häufiger ungeschickt und beklagen sich als Jugendliche, nicht flüssig in ihren Bewegungen zu sein, was sie beispielsweise beim Tanzen erheblich einschränkt. Andererseits sind unter den erfolgreichen Sportlern sicher eine Reihe »Hyperkinetiker«, die ihren unbändigen Bewegungsdrang erfolgreich in sportliche Aktivität umsetzen, wenn die Störungen im Ablauf der Motorik nicht so stark sind.

Ein anderes Beispiel für das positive Umsetzen einer zunächst durchaus lästigen Angewohnheit ist das *Redeverhalten*. Viele Kinder hören nicht mehr auf zu sprechen, sobald sie des Redens mächtig sind. Der Wunsch der Mütter, das Kind möge doch bitte wenigstens für einige Minuten ruhig sein, erfüllt sich in den seltensten Fällen. Uns allen sind die redegewandten Moderatoren aus Funk und Fernsehen bekannt, die für ihr Redetempo und ihr Redebedürfnis berühmt sind. Auch die Kreativität eines hyperaktiven Kindes, die zunächst alle in die Verzweiflung treibt, kann später im Beruf sehr nützlich sein und die Chancen, erfolgreich zu sein, verbessern, weil die Art, Aufgaben auf ungewöhnliche Weise anzugehen, viele Innovationen ermöglicht.

4 Wie äußert sich das hyperkinetische Syndrom in den verschiedenen Phasen der Kindheit?

Säuglingsalter

Einige Mütter berichten aus der Zeit der Schwangerschaft, daß die Ungeborenen schon im Mutterleib außergewöhnlich unruhig gewesen seien und daß die Kindsbewegungen sie hätten kaum Schlaf finden lassen. Die Schriftstellerin Doris Lessing beschreibt diesen Zustand sehr eingehend in ihrem Roman »Das fünfte Kind«. Sie berichtet zunächst von einem anstrengenden, jedoch in seinem Arbeits- und Kräfteaufwand zu überblickenden Familienalltag vor der Geburt dieses Kindes. Mit dem fünften Kind werden alle bis dahin gültigen Regeln des Familienlebens aufgehoben, weil die Kraft der Mutter nur noch zur Versorgung des Säuglings ausreicht. Die in diesem Buch geäußerte Diagnose erscheint im übrigen nicht ganz zutreffend, weil die beschriebenen körperlichen Auffälligkeiten des Kindes mehr an ein Mißbildungssyndrom mit hyperaktiver Symptomatik denken lassen.

Viele Säuglinge sind gleich nach der Geburt durch ihre Unfähigkeit, zur Ruhe zu kommen, eine große Belastung für die Mütter, die in der Zeit der hormonellen Umstellung selbst oft emotional labil sind. Die Babys schreien schrecklich viel und sind durch sonst erprobte Mittel – wie auf den Arm nehmen und schaukeln – nicht zu beruhigen; im Gegenteil, die körperliche Nähe verursacht ihnen noch mehr Unbehagen, das Geschrei wird immer intensiver. Es ist erstaunlich, welche Ausdauer diese kleinen Wesen haben und mit wie wenig Schlaf sie auskommen. Gerade wenn man hofft, daß sie nun endlich eingeschlafen sind, genügt ihnen eine kurze Schlafphase von einigen Minuten, um neue Energie für die nächste Runde Schreien zu tanken. Dieser Punkt schafft dann auch im Hinblick auf die Entstehung einer guten und liebevollen Beziehung zwischen Mutter und Kind häufig Gräben, weil die meisten Mütter sich ihre Rolle anders gewünscht hatten und nun mit einer Belastung konfrontiert sind, der sie nicht gewachsen sind. Wenn sie das große Glück haben sollten, eine verständnisvolle Familie zu haben, bleiben ihnen wenigstens die überflüssigen klugen Kommentare aus dem Familienkreis erspart. Oft können die Säuglinge schon früh die Ernsthaftigkeit der Wut spüren und sind in der Lage, durch ein wonniges Lächeln die Mutter doch für sich zu gewinnen.

Es ist sehr unterschiedlich, wie lange diese Phase des andauernden Schreiens anhält, sicher ist nur, daß ein »normales« Familienleben nicht mehr stattfindet. Die meisten Großeltern glauben, daß die Eltern in ihrer Haltung dem Kind gegenüber inkonsequent sind und ziehen sich aus der Mithilfe zurück, weil ihre Ratschläge scheinbar nicht befolgt werden. Freunde der Familie finden das »Theater« mit dem Baby furchtbar. Die Konsequenz ist oft, daß man nicht mehr eingeladen wird und auch selbst keine Gäste mehr haben mag, weil es den Eltern des Babys peinlich ist, nicht für die nötige Ruhe während eines Gesprächs sorgen zu können. Es kommt zu einer zunehmenden Isolation der Familie.

Viele Kinderärzte wissen immer noch nicht, wie sich diese Krankheit im Säuglingsalter äußert, und können deshalb nur die Diagnose »Bauchkoliken« stellen, was den Eltern oft keine Beruhigung ist, sehen sie doch, daß es meist gar nicht der geblähte Bauch ist, der dem Kind zu schaffen macht. Werden zur Beruhigung des Kindes früher gebräuchliche Schlafmittel wie zum Beispiel Luminaletten gegeben, kann bei den Betroffenen ein gegenteiliger Effekt eintreten; das gleiche gilt für Beruhigungstropfen aus der Gruppe der Psychopharmaka. Ganz massive Unruhezustände sind nach Narkosen beschrieben, bei denen üblicherweise solche Medikamente verwendet werden.

Bei einigen Kindern mit hyperkinetischem Syndrom bringt die Phase des Übergangs vom Säuglingsalter zum Kleinkind auch eine Veränderung der Störungen mit sich. Manche Betroffene, die bis dahin noch »pflegeleicht« waren, beginnen nun mit dem oben beschriebenen vor allem nächtlichen Schreien, andere hingegen beruhigen sich jetzt und gönnen den Eltern eine kleine Verschnaufpause, bevor sie laufen lernen.

Kleinkindalter

Das Erlernen des Laufens erfolgt meist zu einem altersgemäßen Zeitpunkt. Jetzt beginnt für viele mit der Aufsicht eines hyperkinetischen Kindes befaßte Personen die Aufgabe, den kleinen Wicht davor zu bewahren, sich körperliche Schäden zuzufügen. Es hat den Anschein, als ob im Kopf nur Unsinn ausgeheckt wird, eine »normale« Beschäftigung ruhig in einem Raum ist bei einem solchen Kind nicht programmiert. Es ist sehr schnell unterwegs, hat ständig neue Interessen und Bedürfnisse, trinkt und ißt nahezu ununterbrochen. Jeder Versuch, das Kind an seinem Tun zu hindern, erzieherisch auf es einzuwirken, wird mit einem Trotzanfall beantwortet. Es bedarf einer gehörigen Portion Geduld, um mit der Frustration fertig zu werden, da auch geduldiges Zureden häufig nicht zum Ziel führt. Die Trotzanfälle sprechen sich meist in Windeseile in der Nachbarschaft herum, das Kind gilt von da an als schwierig. Mütter mit einem sehr gesunden Selbstbewußtsein und viel Vertrauen in ihre erzieherischen Fähigkeiten lassen sich durch diese Situation nicht verunsichern und werden dem manchmal wie ein Rumpelstilzchen wütenden Kind sicher nicht ihre Zuneigung verweigern. Sie geben damit dem kleinen Wesen, das sich schon jetzt gegen alle Anforderungen sträubt, einen »roten Faden« mit auf den Weg, dem es folgen kann, wenn seine Irritation nicht zu groß ist. Damit ist das schier unlösbare Problem angesprochen, daß es Kinder gibt, die in keiner Situation und durch keine noch so große Zuwendung zu halten sind; sie haben eben nur einen Motor und keine Bremse. Diese Tatsache macht ihr Leben so gefährlich, weil sie, ohne einen Moment nachzudenken, ihren Impulsen folgen. Bei Kindern, die gerade das Laufen erlernt haben, sind alle Aufsichtspersonen noch auf solch ein Verhalten eingestellt, aber spätestens im dritten Lebensjahr geht man normalerweise davon aus, das Kind sei nun alt genug, gewisse Gefahren selbst zu erkennen.

Viele Mütter berichten von Situationen, wo sie machtlos zuschauen mußten, wie sich ihr Kind in höchster Gefahr befand. Manche sehr verzweifelten Frauen erinnern sich auch an Momente, in denen sie nahe daran waren, sich von einer solchen Situation, in der etwas Schreckliches hätte passieren können, die Erlösung aus ihrer Überforderung zu wünschen. Solche kurzen Momente großer Verzweiflung können Ursache lange bestehender, intensiver Schuldgefühle sein. Sie werden selten berichtet, weil solche Wünsche überhaupt nicht mit dem Bild einer fürsorglichen Mutter vereinbar sind.

Noch mehr als andere Kinder brauchen die schwerer Betroffenen Eltern, die sich gemeinsam um die Erziehung bemühen und die gemeinsame Linie auch miteinander besprechen, um zu verhindern, daß ein Elternteil gegen den anderen ausgespielt wird.

Kindergartenalter

Mit Eintritt in das vierte Lebensjahr kommt für die meisten Kinder der erste Schritt in eine neue Gemeinschaft, die Aufnahme in den Kindergarten. Hier lernen sie eine andere Umgebung kennen, sie müssen sich auf viele neue Gesichter einstellen. Schon jetzt kann sich ein ausgeprägtes hyperkinetisches Syndrom darin äußern, daß diese Eingewöhnung, die für jedes Kind eine große Umstellung bedeutet, von den an der Störung Leidenden nicht geleistet werden kann. Ihr Verhalten kann auf den ersten Blick sicher nicht von dem durch Erziehungseinflüsse Geschädigter unterschieden werden. Aber nach einiger Zeit wird eine erfahrene Erzieherin doch ein Gefühl dafür entwickeln, daß das Kind viele Unarten hat, unter denen es selbst genauso leidet wie seine Umgebung. Häufig ist es so, daß die betroffenen Kinder sehr schnell spüren, daß sie sich nicht einfügen können und deshalb von den anderen Kindern der Gruppe abgelehnt werden. Um sich dennoch als liebenswert anzupreisen, entwickeln viele Betroffene Clownerien, mit denen sie nun auch den Zorn der Erzieherinnen auf sich ziehen, weil sie ihre »Späße« gerade dann vorführen, wenn sich alle auf eine bestimmte Aufgabe konzentrieren sollen. Schon hier entscheidet auch das Geschick der Betreuungspersonen, wieweit das Selbstwertgefühl des Kindes angegriffen wird, weil niemand sein Verhalten als krankhaftes, über das normale hinausgehendes erkennt. Dies liegt unter anderem auch daran, daß nach der Liberalisierung der Erziehungsgrundsätze die Bereitschaft deutlich gewachsen ist, ein ungewöhnliches Verhalten zu tolerieren. Hyperkinetische Kinder profitieren davon jedoch nicht unbedingt, da sie durch eine Eingrenzung ihres expansiven Verhaltens, wenn es in liebevoller Form durchgesetzt wird, mehr gewinnen. Sie brauchen stets eine konsequente Führung, um für sich einen Rahmen in ihrer Beziehung zu anderen zu entwickeln. So kann während der Kindergartenzeit eine erfahrene und geschickte Erzieherin einen so positiven Einfluß ausüben, daß die Störung sich nur in einem noch gut zu ertragenden Ausmaß äußert.

Im häuslichen Bereich kann die Situation eine vollkommen andere sein. Das Vermögen, sich stundenweise sehr zusammenzureißen, haben viele auch stark betroffene Kinder; zuhause müssen sie sich dann »entspannen«, was bedeutet, daß sie dort mit Eltern und Geschwistern ständigen Ärger haben, weil sie nach dem anstrengenden Vormittag nun keine Kraft mehr haben, sich an die Regeln im häuslichen Bereich zu halten. Dieses sehr unterschiedliche Verhalten sollte auf keinen Fall dazu führen, daß der Arzt bei der Vorstellung nicht an die Diagnose ›hyperkinetisches Syndrom‹ denkt, sondern vielmehr eine mangelhafte Erziehung als Ursache der Verhaltensstörung ansieht. Auffallend ruhig und konzentriert sind die betroffenen Kinder dagegen zu Hause, wenn sie mit Lego-Steinen bauen oder vor dem Fernsehgerät sitzen.

Die Ungeschicklichkeit im Umgang mit Buntstiften und Schere führt zu vielen Enttäuschungen. Wenn ein Kind hierbei so in Wut gerät, daß es sich auch im zeitlichen Ausmaß seines Wütens und Trotzens weit über das Maß des Üblichen hinausbegibt, sollte es sicher auch einem Arzt vorgestellt werden, damit, falls notwendig, eine sensomotorische Übungsbehandlung *(Ergotherapie)* eingeleitet werden kann, die die körperliche Selbstwahrnehmung schulen hilft.

Auch im Vorschulalter ist das geringe Schlafbedürfnis oft ein großes Problem, weil am Abend die auch für die Eltern so notwendige Ruhe nicht eintreten kann. Während die Kinder der Nachbarn und Freunde müde gegen acht Uhr in ihren Betten liegen und schlafen, sind die betroffenen Jungen und Mädchen gerade gut aufgelegt, um nochmals ein Abendprogramm zu starten. Meistens sind fünf bis zehn Anläufe notwendig, um zu klären, daß heute nichts mehr gespielt, gegessen, getrunken und, falls ein Angebot zur Güte gemacht wird, auch nichts mehr aufgeräumt wird. Leider führen diese täglichen Auseinandersetzungen häufig dazu, daß sich das Verhältnis zwischen Kindern und Eltern in negativer Richtung weiter entwickelt, besonders dann, wenn beispielsweise durch die Berufstätigkeit der Mutter gewisse zeitliche Vorgaben, wie frühes Aufstehen, vorhanden sind.

Schuleintritt

Der wichtige Lebensabschnitt Schule wird mit der Anmeldung des Kindes bei der zuständigen Schulbehörde eingeleitet, der nächste Schritt ist dann die Einschulungsuntersuchung durch die Schulärzte. Hier werden oft die ersten großen Fehler begangen, weil die Eltern in falsch verstandener Liebe zum Kind nicht von den häuslichen Schwierigkeiten berichten, oder weil der untersuchende Arzt wegen der »verspielten« Art des Kindes an eine Reifungsverzögerung denkt, die zwar oft bei diesen Kindern besteht, aber auch durch eine Rückstellung um ein Jahr nicht gebessert wird. Nur wenn eine stark ausgeprägte körperliche und seelische Entwicklungsverzögerung vorhanden ist, ist der Verzicht auf die altersentsprechende Einschulung begründet. Bei sofort erkennbaren Verhaltensanomalien wird auch empfohlen, das Kind in eine Schule zur individuellen Lernhilfe zu geben, was für ein durchschnittlich begabtes Kind jedoch eine erhebliche zusätzliche Belastung bedeutet, da es in seiner geistigen Leistungsfähigkeit dort nicht so gefordert wird, wie es notwendig wäre, um sein Interesse am Unterrichtsstoff zu erhalten. Es sollte unbedingt darauf geachtet werden, daß bei normaler Intelligenz eine *Schule zur individuellen Erziehungshilfe* ausgewählt wird, weil dort der Regelschulstoff in kleinen Klassen mit besonders ausgebildeten Lehrern durchgenommen wird. An den Schulen zur individuellen Lernhilfe (früher Sonderschulen) gibt es noch die *Diagnose- und Förderklassen*, in denen der Schulstoff von zwei Jahren auf drei Schuljahre verteilt wird und dem Kind so eine längere Entwicklungs- und Eingewöhnungszeit gewährt wird, bevor eine Entscheidung in bezug auf die zukünftige Schulart getroffen wird.

Viel häufiger wird die Störung während der Untersuchungssituation jedoch nicht erkannt und die Einschulung erfolgt problemlos. Leider sind dann die schönen Kindertage schnell vorbei, weil die Lehrer die Eltern wenige Wochen nach dem ersten Schultag einbestellen, um vom unmöglichen Verhalten während des Unterrichts zu berichten. Hier beginnt dann der lange Leidensweg vieler Familien, weil schon der Lehrer das Fehlverhalten als Entwicklungsverzögerung einstuft und empfiehlt, das eben erst eingeschulte Kind wieder nach Hause zu holen. Wenn diese Maßnahme zunächst aufgeschoben wird, dann wird die Untersuchung durch einen Psychologen oder die Erziehungsberatung vorgeschlagen. In Bayern gibt es zusätzlich Schulpsychologen, die in einer solchen Situation aufgesucht werden können. Auch hier entscheidet wieder die Erfahrung des Untersuchers, ob er das Verhalten als krankhaft im ärztlichen Sinne ansieht und damit als behandlungsbedürftig, oder ob er die Klagen als ein übertriebenes Gejammer von Lehrern und Eltern empfindet, dessen eigentliche Ursache die mangelnde Kompetenz in Erziehungsfragen ist. Nur wenige Eltern haben das Glück, sofort ernst genommen zu werden und eine der möglichen Therapien angeboten zu bekommen.

Schulalter

Die Wahrnehmung eines hyperaktiven Schülers durch den Lehrer sieht folgendermaßen aus: Er hat ein Kind in der Klasse, das ständig in den Unterricht hineinruft, auf dem Stuhl wackelt oder damit umfällt, auf dem Tisch mit Stiften oder Autos spielt, keine oder schlampige Hausaufgaben macht, stets freche Antworten weiß und den Rest der Klasse mit Albernheiten unterhält. Es ist nie möglich, den vorbereiteten Unterrichtsstoff in der gewohnten Weise abzuhandeln; also beginnt nun der Lehrer, im Kind die Ursache aller Mißerfolge zu sehen und es entsprechend zu bestrafen. Das Gespräch zwischen Lehrer und Eltern kann so verlaufen, als wenn man einen Blinden und einen Taubstummen gemeinsam in ein Auto setzt und sie beauftragt, an einen bestimmten Punkt zu fahren. Der eine kann nicht sehen und der andere kann nicht hören und sprechen, so ähnlich verläuft die Verständigung über die Ursache und die Behebung der Schwierigkeiten des Kindes, wenn sowohl die Eltern als auch die Lehrer keine Ahnung haben, daß es ein Krankheitsbild gibt, das so aussieht, als ob bisher noch kein Versuch einer Erziehung zu einem sozial integrierbaren Wesen stattgefunden hat. Wenige betroffene Kinder wirken äußerlich ausgesprochen ruhig (hypoaktiv), fallen aber durch die anderen »Unarten« auf. Oft wissen die Eltern, daß das Verhalten nicht mutwillig bösartig ist, aber sie werden von den Lehrern häufig zu gutmütigen erziehungsunfähigen Trotteln gestempelt. Solange die Grunderkrankung unerkannt bleibt, dreht sich der Teufelskreis weiter, die Verzweiflung wächst, und das betroffene Kind verliert sein Selbstbewußtsein.

Die Erledigung der Hausaufgaben stellt die meisten Familien vor ein unlösbares Problem. Zunächst weiß das Kind nicht, was es aufhat, dann setzt es sich nur nach vielen Ermahnungen an die Arbeit, es unterbricht die Erledigung jedoch ganz schnell, weil es bereits wieder Durst oder Hunger spürt. Dies sind oft keine bewußten Ablenkungsmanöver, sondern entsprechen tatsächlichen Bedürfnissen, die zwar akzeptiert werden müssen, jedoch nicht zu ständigen Unterbrechungen füh-

ren sollten. Außerdem gibt es kein Geräusch und kein beweg-
liches Objekt, das nicht sofort große Beachtung findet. Die
Zeit vergeht, die Kameraden spielen schon, während das hyperkinetische Kind im Streit mit der Mutter liegt. Falls dann
noch eine Lese- und Rechtschreibschwäche oder Rechenstörung zusätzlich vorliegt, bedarf es geradezu übermenschlicher
Kräfte auf beiden Seiten, um einigermaßen zufriedenstellende
Hausaufgaben zu produzieren und anschließend noch halb-
wegs liebevoll miteinander umgehen zu können. Wenn dann
am nächsten Morgen von den Lehrern das mühsam erreichte
Ergebnis »in der Luft zerrissen wird«, ist die Motivation des
Kindes endgültig am Ende. Eine Möglichkeit der Reaktion ist
nun, zum Klassenkasper zu werden, um das Selbstbewußtsein
zu retten. Hierzu eine Beschreibung eines Schülers, der mit
dieser Problematik vertraut ist:

**Fast jede Schulklasse hat einen Klassenkasper, der den Unter-
richt ständig durch seine Späße stört, immer darauf bedacht,
von den anderen beachtet zu werden. Meist sind dies hyperaktive Kinder, die von den Mitschülern dafür geliebt werden, daß
sie durch die Unterbrechung der Unterrichtsstunde die Atmo-
sphäre immer wieder auflockern und sich »trauen«, sich den
Anweisungen der Lehrer zu widersetzen. Sie lassen keine Gele-
genheit aus, Lacher zu »kassieren«, auch wenn sie sich dafür
vor den anderen Kindern in höchstem Grade lächerlich machen. Obwohl die meisten Klassen auch einen Außenseiter haben, verbrüdern sich diese beiden nicht. Im Gegenteil, es ist
der Klassenclown, der den Außenseiter am meisten ärgert, da
hyperaktive Kinder oft äußerst schlagfertig sind und dafür von
den Klassenkameraden Lob und Anerkennung finden. Der hyperaktive Klassenkasper hat daher noch Glück im Unglück, da
er ja von seiner Hyperaktivität profitiert, indem er von den
anderen gemocht wird und nicht aufgrund seiner Andersartigkeit zum gehänselten Außenseiter wird.
Bei den Lehrern schürt die Lebendigkeit der Kinder, die das
Unterrichtskonzept erheblich durcheinanderbringen, bei hilf-**

losen Lehrern sogar völlig zum Erliegen bringen, Aggressionen. Vor lauter Hilflosigkeit und Wut behandeln sie diesen Schüler dann nicht nur unfair, sondern stellen ihn womöglich vor der Klasse als dumm und fehl am Platz dar.

Der Klassenkasper ist meist männlich und nicht nur in der Grundschule, sondern bis hinauf in die Kollegstufe des Gymnasiums zu finden, wo er immer noch ungebremst in den Unterricht hineinruft. Die Geschwindigkeit, mit der er Dinge und Worte aus dem Unterrichtsgeschehen assoziiert, und die Kreativität der verballhornten oder ausgedachten Worte regt oft so zum Lachen an, daß der Lehrer meist erst nach minutenlangen Diskussionen der Schüler untereinander den Unterricht fortsetzen kann. Ist nämlich erst einmal die Ruhe im Klassenzimmer durch das schallende Gelächter der Schüler, das man auch noch mehrere Räume weit hören kann, gestört, beginnt auch der schüchternste Schüler, sich mit seinem Banknachbarn zu unterhalten. Das erfreut dann, besonders während langweiliger oder ohne Pause aufeinanderfolgender Stunden, die Klasse, was natürlich den Beliebtheitsgrad des Klassenclowns erheblich steigert. Noch vertrackter für den Lehrer wird es aber, wenn sich gleich zwei hyperaktive Schüler in einer Klasse finden, die dann eventuell kooperieren und sich auch noch ständig zu übertrumpfen versuchen.

Eine andere Möglichkeit ist eine depressive Entwicklung des Kindes, das sich überflüssig und nutzlos fühlt und im Extremfall seinem Leben ein Ende setzen möchte. Diese Entwicklung betrifft besonders Kinder, die nie durch vermehrte Zappeligkeit aufgefallen sind, aber unter starken Konzentrationsmängeln und Impulsivität leiden und es so allen Beteiligten schwer machen, die Verhaltensstörung mit dieser Erkrankung in Verbindung zu bringen.

Kinder mit einem relativ intakten Selbstbewußtsein gehen dagegen unbeirrt ihren Weg und das klingt dann bei einem zwölfjährigen Betroffenen so:

> Ich muß im Mittelpunkt stehen; ich muß für Aufregung sorgen. Ich kann die Ruhe nicht leiden, als wenn man schon tot ist. Wenn es so still ist, mag ich das nicht. Ich suche mir dann jemand, den ich bis zur Weißglut ärgern kann, bis ich mir eine fange. Die Leute, die nicht mögen, daß ich zappele, die ärgere ich halt. Wenn zwei von derselben Art aufeinanderknallen, gibt es Freundschaft oder großen Streit.
>
> Wenn mir was nicht gelingt, mache ich es noch einmal zu einem anderen Zeitpunkt. Wenn ich etwas haben will, muß ich nerven, bis ich kriege, was ich will, vom Piesacken kann ich nie genug bekommen. Bei den Hausaufgaben lenke ich mich halt ab, ich kann Füllerspielen, wenn ich keinen Bock habe. Aufgaben erledige ich nur, wenn ich nicht drumherum komme.

In beiden Beschreibungen sind durchaus wichtige Erkenntnisse enthalten, insofern als der Klassenkasper hofft, etwas weniger ausgeschlossen zu sein als der vielleicht stille Außenseiter. Bei der zweiten Schilderung geht es auch darum, abgelehnt zu werden, und deshalb – quasi als Verteidigung – die anderen ärgern zu müssen. Eine andere wichtige Botschaft ist, daß Pflichten nur erledigt werden, wenn kein Ausweichen möglich ist. Das heißt, die Anordnungen müssen eindeutig und in freundlichem Ton gesagt werden, damit das hyperkinetische Kind sich auf die Unausweichlichkeit der Situation einstellen kann.

Bei den überdurchschnittlich begabten Kindern stellt die Steigerung der Leistungsanforderungen in der vierten Schulklasse mit dem Ausblick auf den Übertritt ins Gymnasium häufig ein solches Problem dar, daß ein bis zu diesem Zeitpunkt angepaßtes Kind plötzlich zu Leistungsverweigerungen neigt, die eben nicht auf einen Begabungsmangel zurückzuführen sind, sondern Grenzen der Konzentrationsmöglichkeit unter vermehrtem Druck anzeigen. Dieses Problem bleibt bei allen Kindern in weiterführenden Schulen bestehen, hinzu kommt, daß die Irritation durch den stündlichen Lehrerwechsel in den einzelnen Fächern nicht zu unterschätzen ist. Es wird vielfach berichtet, daß betroffene Kinder besondere Schwierigkeiten haben, sich auf einen Umgebungs- oder Situationswechsel einzustellen. Sie sind bedeutend ruhiger, wenn sie nicht ständige Anpassungsleistungen an veränderte Situationen erbringen müssen. Dies zeigt sich beispielsweise daran, daß alle anderen Kinder neue Hefte bereitlegen, um sich auf die nächste Stunde mit anderem Lernstoff einzustellen. Das hyperkinetische Kind verharrt noch eine Weile bei den bisherigen Büchern und Heften, »es hat wieder einmal den Wechsel verpaßt«. Diese Verhaltensweise und die Konzentrationsstörung machen auch für hochbegabte Kinder den Verbleib in einer Klasse mit dreißig oder mehr Kindern fast unmöglich. Hier kann eine private Einrichtung oft eine der Begabung gemäße Schulbildung ermöglichen, weil die Klassen kleiner sind und die Lehrer mehr auf die Situation des einzelnen eingehen können. In besonderen Fällen – vor allem wenn beispielsweise zusätzlich auch noch eine Teilleistungsschwäche vorliegt – wird vom Staat durch die Jugendämter eine finanzielle Unterstützung gewährt, um eine der Intelligenz des Kindes entsprechende Ausbildung zu ermöglichen.

5 Wie ändert sich das Erscheinungsbild mit Eintritt in die Pubertät und der Entwicklung zum Erwachsenen?

Mit Eintritt in die Pubertät ergibt sich meist eine Veränderung des Verhaltens und der Stimmungslage, wie es ja auch bei nicht vom hyperkinetischen Syndrom betroffenen Kindern der Fall ist. Die Auswirkungen der hormonellen Umstellung sind sicher je nach Veranlagung recht unterschiedlich. Die Lust an der uneingeschränkten Freiheit, die von niemandem beschnitten werden darf, wächst sich jedoch zu einem großen Problem aus. Die Heranwachsenden sehen im Freundeskreis, daß der Aktionsradius immer größer wird, die Unabhängigkeit immer mehr eingefordert wird, und beanspruchen die gleichen Rechte für sich. Jetzt kommt das in den Kindertagen angelegte Vertrauensverhältnis auf den Prüfstand. Meist müssen sich die Eltern im Hinblick auf die zu gewährenden Freiheiten nach den Erfahrungen der letzten Jahre richten. Leider ist bei den stärker und schwerst betroffenen Kindern auch eine zunehmende Lust an Unternehmungen zu beobachten, die ihnen als verboten bekannt sind. Der Reiz ist um so größer, je intensiver der Kitzel ist, ob man erwischt wird oder ob man »schlauer ist, als die Polizei erlaubt«, und dieses Gefühl scheint eine sehr große Faszination auszuüben. Viele Eltern machen in diesem Alter die Erfahrung, daß die Polizei doch schlauer ist und die Halbwüchsigen bei irgendwelchen Dummheiten erwischt. Die Beziehung zwischen Kindern und Eltern wird durch eine Vorladung bei der Polizei belastet, weil sich die meisten Eltern sehr schämen, daß »es so weit kommen mußte«.

Die körperlichen Kräfte entwickeln sich zu diesem Zeitpunkt ebenfalls enorm und stärken das Selbstbewußtsein in einer manchmal geradezu gefährlichen Weise, weil die Hemmungen, im Sinne einer Angst vor der Kraft des anderen, abnehmen und die seelischen Frustrationen nun mit körperlicher Gewalt ausgelebt werden können. Hier ist die Entwicklung derjenigen Kinder eindeutig besser, die frühzeitig in eine Therapie gekommen sind und unter fachkundiger Anleitung gelernt haben, mit ihren Minderwertigkeitsgefühlen umzugehen. Sie wissen außerdem eher, daß sie sich nicht provozieren lassen dürfen, daß sie sich selbst im Griff haben müssen. Damit wird nochmals deutlich, daß es auch bei weniger stark betroffenen Kindern sinnvoll sein kann, von seiten der Eltern auf eine frühzeitige Therapie zu drängen, weil das Kind so Verhaltensweisen rechtzeitig einüben kann, die es gerade in der Pubertät dringend braucht.

Wenn sich erst zu diesem Zeitpunkt die Erkenntnis durchsetzt, daß man ohne Hilfe von außen mit der Erziehung nicht mehr zurechtkommt, ist es oft schon zu spät. Die oben angesprochenen Wünsche nach nahezu grenzenloser Freiheit werden jetzt mit großer Energie verteidigt. Es besteht aus der Sicht des Jugendlichen kein Handlungsbedarf, das heißt, er wird einer nun einzuleitenden Therapie deutlich negativer gegenüberstehen als das noch einige Jahre zuvor der Fall war. Einige Eltern erleben dann eine so große Ablehnung durch ihre Kinder, daß sie den Eindruck haben, ein Gespräch sei unmöglich geworden. Sie fühlen sich selbst vollkommen hilflos und gerade Mütter, die vielleicht durch die beginnenden Wechseljahre in einer labileren Verfassung sind, werden häufig schwer depressiv. Sie leiden in stärkstem Ausmaß unter unberechtigten Schuldgefühlen, weil es oft nach außen hin so aussieht, als ob die Eltern bei der Erziehung vollkommen versagt hätten.

Welche Entwicklung welches Kind nehmen wird, ist ungewiß; sicher ist nur, daß eine rechtzeitige Beratung und – wenn nötig – Therapie die Chancen des Kindes auf eine begabungsgemäße Ausbildung verbessern. Die meisten Kinder sind gut begabt. Aber die Konzentrationsschwäche kann sich erst zunehmend mit den Anforderungen der Schule bemerkbar machen, so daß aus sehr guten Schülern, die ohne viel Einsatz ihren Weg gemacht haben, plötzlich Versager werden. Auch in dieser Situation ist die geringe Frustrationstoleranz eine zusätzliche Belastung; weil die Jugendlichen ihre eigentliche intellektuelle Leistungsfähigkeit selbst richtig einschätzen, sind sie über Mißerfolge um so mehr verbittert. Hier beginnt für viele Jugendliche ein Teufelskreis, aus dem sie ohne Unterstützung durch Vertrauenspersonen nicht mehr herausfinden. Das Verhältnis zu den Eltern kann durch jahrelange Diskussionen schon so belastet sein, daß die Besprechung der verfahrenen Situation nicht mehr möglich ist. Das ist dann die Zeit der schnellen Entschlüsse in bezug auf Schulwechsel oder Abbruch der schon begonnenen Lehre. Weil das Wissen um das hyperkinetische Syndrom bei Jugendlichen und Erwachsenen in Deutschland noch sehr gering ist, denkt auch ein Schulleiter oder der hinzugezogene Arzt oft nicht an diese Ursache für »unüberlegtes« Handeln, für plötzliche Aggressivität im Kreis der Kameraden oder gar für kriminelle Delikte.

Die psychische Reife kann verspätet eintreten. Vor dem Gesetz sind die Betroffenen mit 18 Jahren jedoch plötzlich Erwachsene, denen der Überblick über das, was sie sich einbrocken, oft fehlt. Zu diesem Zeitpunkt darf auch der Führerschein erworben werden, eine Quelle ständiger Ängste für die Eltern, wenn sie an das schon bisher »ungebremste« Verhalten denken. Unter den Führerscheinneulingen mit gehäuften Unfällen befinden sich sicherlich überhäufig viele nun schon erwachsene Hyperkinetiker.

Aus Funk und Fernsehen sind uns allen die schnell sprechenden Journalisten und Entertainer bekannt, die wahrscheinlich zum Kreis der Betroffenen gehören. Auch bekannte Sportler berichten öfters, daß sie schon immer »unruhige Geister« gewesen seien. Damit soll gesagt werden, daß viele erfolgreiche Menschen ihre Veranlagungen, die sich aus dem hyperkinetischen Syndrom ergeben, durchaus in beruflichen Erfolg ummünzen können. Aus der Hyperaktivität wird nun die Begabung zum großen Sportler, aus Impulsivität und Kreativität die Anlage, Situationen richtig einzuschätzen und zu schnellen, guten Entscheidungen zu kommen. Die Fähigkeit, Menschen gefühlsmäßig zu erfassen und sich nicht vom Eindruck, den sie machen möchten, blenden zu lassen, ist oft eine wichtige Voraussetzung bei Stellungen in höheren Managementebenen. Hier ist es jedoch genauso wichtig, die Impulsivität im Griff zu haben, wobei sich dann wieder das frühzeitige Einüben von Selbstdisziplin bewährt.

Auch bei Erwachsenen kann eine medikamentöse Behandlung neben psychotherapeutischen Maßnahmen sehr sinnvoll sein. Zum einen dann, wenn Konzentrationsstörungen das Lernen während einer Ausbildung stark behindern oder bei längeren Sitzungen die Aufmerksamkeit deutlich reduzieren, und zum anderen, wenn die Möglichkeit, sich soweit im Griff zu haben, daß es im Umgang mit anderen nicht zu ständigen Auseinandersetzungen kommt, nicht gegeben ist. Das aus der früheren Zigarettenreklame bekannte »HB-Männchen« ist sicher Abbild eines solchen Menschen, der plötzlich mit einem maßlosen Wutanfall reagiert, weil seine Toleranzschwelle sehr niedrig ist. Dieses Verhalten, das schon den Kindern große Schwierigkeiten bereitet, wird im Erwachsenenalter von der Umgebung nicht mehr so toleriert, wie Eltern das im Familienkreis tun. Bei Versuchen, Mißverständnisse zu klären, kommt diese Eigenschaft der Hyperkinetiker oft noch mehr zum Vorschein. Sie weigern sich häufig, eine Diskussion ihres Verhaltens zuzulassen und handeln sich im Endeffekt damit die Ablehnung ihrer Mitmenschen ein, die zunächst eine wohlwollende Einstellung zu ihnen hatten. Ihre Eigenart wird nun als Charakterschwäche eingestuft; das fehlende Wissen um diese Erkrankung im Erwachsenenalter verschlechtert ihre Möglichkeiten, eine entsprechende Therapie zu erhalten. Im Rahmen der Treffen von Elterninitiativen sind solche Menschen häufiger zu erleben; sie empfinden ihre Art meist jedoch nicht als hinderlich im Umgang mit anderen und haben deshalb auch keine Motivation, für sich einen Therapieversuch zu unternehmen. Andererseits gibt es Betroffene, die mit großer Dankbarkeit auf eine erst im Erwachsenenalter begonnene Therapie reagieren, weil sie ihr Gefühl, anders zu sein, bestätigt sehen und nun mit Medikamenten ohne ständige Anstrengung ein »normales« Leben führen können.

6 Wie wird das hyperkinetische Syndrom diagnostiziert?

Um vom Symptom zur Diagnose zu gelangen, ist eine wichtige Voraussetzung notwendig: Das Verhalten eines betroffenen Kindes muß von den Eltern oder sonstigen Personen, die es gut kennen, als krankhaft erkannt werden, damit der richtige Fachmann überhaupt aufgesucht und um eine Untersuchung gebeten werden kann. Viele Eltern wissen,»daß mit diesem Kind etwas anders ist«, sie können die Krankheitszeichen jedoch nicht so klar wie Schnupfen oder Husten beschreiben. Dies ist sicher einer der Hauptgründe, warum sich die Symptomatik auch in ärztlichen Kreisen nicht als Krankheitsbild so eingebürgert hat, wie es der Häufigkeit des Auftretens entsprechen würde. Außerdem läßt sich diese Krankheit äußerst schlecht beim Arzt vorführen, weil hyperkinetische Kinder an neuen Situationen immer großes Interesse haben und für diesen Zeitraum durchaus konzentriert und ruhig bleiben können. So entsteht für viele Eltern eine schreckliche Situation: Haben Sie sich endlich dazu durchgerungen, sich die Lebendigkeit ihres Kindes als ein aus dem gesunden Bereich herausfallendes Verhalten einzugestehen, teilt ihnen der Untersucher mit, das»normale Verhalten« habe für ihn nichts erkennbar Krankhaftes und die Eltern würden nur falsch mit dem Kind umgehen, wie man ja nun in der Untersuchungssituation sehen könne. Das heißt, bei vielen von dieser Krankheit Betroffenen genügt die Schilderung aus dem häuslichen Milieu oft nicht, sondern die Erzieherin oder die Lehrerin sind ebenfalls wichtige an der Diagnose beteiligte Personen.

Als wesentliches Merkmal gilt, daß die Krankheitserscheinungen mehr als ein halbes Jahr andauern und erstmals vor

Eintritt in das Schulalter erkennbar gewesen sein müssen. In den meisten Fällen werden die Eltern zunächst den Kinderarzt aufsuchen, von dem das Kind schon von Anbeginn seines Lebens betreut wird. Er wird sich die Klagen anhören und je nach seiner Einschätzung der Situation, ob es sich um ein normales oder aus dem Normalen herausfallendes Verhalten handelt, wird er weitere Fragen stellen, die diese Krankheit betreffen. Zunächst ist eine ausführliche Anamnese erforderlich, das heißt die Vorgeschichte des Kindes muß genau berichtet werden, damit später eine exakte Diagnose entstehen kann. Dazu gehört auch schon die Schwangerschaft, die Geburt und die Phase nach der Geburt. Wenn der betreuende Kinderarzt das Kind kennt, scheint es vielleicht nicht nötig zu sein, alle Begebenheiten nochmals gründlich durchzugehen. Meist lohnt sich diese Mühe trotzdem, weil ja ein neuer Verdacht auf eine Erkrankung abgeklärt werden muß. Bei diesem Gespräch ist es auch wichtig zu klären, ob in der Familie bei Geschwistern oder Eltern – also Großeltern des betroffenen Kindes – ähnliche Probleme bestanden haben, weil das beim hyperkinetischen Syndrom nicht so selten ist. Wenn sich bei dieser kinderärztlichen Erhebung der Vorgeschichte und bei der Untersuchung keine Klärung ergibt oder sich der Verdacht auf eine Beteiligung des Nervensystems herausstellt, sollte unbedingt ein Kinder- und Jugendpsychiater zusätzlich aufgesucht werden, weil er vor allem die psychischen Besonderheiten besser von anderen Krankheiten unterscheiden kann. Er wird nochmals eine körperliche Untersuchung vornehmen, bei der auch auf leichte Beeinträchtigungen der körperlichen Geschicklichkeit, des Hörens und Sehens eingegangen wird. Bei Verdacht auf eine Hirnschädigung wird sicher auch eine elektrische Hirnstromableitung (EEG) vorgenommen und, falls erforderlich, eine Darstellung der Hirnstrukturen durch Computer- oder Kernspintomographie. Bei der Abklärung der Diagnose ist außerdem eine psychologische Untersuchung erforderlich, um das Ausmaß der Konzentrationsstörung oder dann später im Schulalter das Vorliegen einer Leistungsstörung im Bereich der Hirnfunktionen (Teilleistungsstörung, z. B. Lese- und Rechtschreibschwäche) abzuklären. Diese Untersuchungen sind auch im Hinblick auf die Therapie wichtig, weil so ein speziell auf die Störung des betroffenen Kindes ausgerichteter Therapieplan ausgearbeitet werden kann.

Bei der Sicherung der Diagnose müssen von den folgenden Symptomen mindestens acht über einen Zeitraum von mehr als sechs Monaten vorhanden sein:

Der Betroffene
– zappelt häufig mit Händen und Füßen oder windet sich in seinem Sitz (bei Heranwachsenden kann sich dies auf subjektives Empfinden von Rastlosigkeit beschränken),
– kann nur schwer sitzenbleiben, wenn dies von ihm verlangt wird,
– wird leicht durch äußere Reize abgelenkt,
– kann bei Spiel- oder Gruppensituationen nur schwer warten, bis er an der Reihe ist,
– platzt oft mit der Antwort heraus, bevor die Fragen vollständig gestellt sind,
– hat Schwierigkeiten, Aufträge anderer vollständig auszuführen (nicht bedingt durch oppositionelles Verhalten oder Verständnisschwierigkeiten), beendet beispielsweise die Hausaufgaben nicht,
– hat Schwierigkeiten, bei Aufgaben oder Spielen länger aufmerksam zu sein,
– wechselt häufig von einer nicht beendeten Aktivität zu einer anderen,
– kann nur schwer ruhig spielen,
– redet häufig übermäßig viel,
– unterbricht oft andere oder drängt sich diesen auf, platzt zum Beispiel ins Spiel anderer Kinder hinein,
– scheint häufig nicht zuzuhören, wenn andere mit ihm sprechen,
– verliert häufig Gegenstände, die er für Aufgaben oder Aktivitäten in der Schule oder zu Hause benötigt (z. B. Spielzeug, Bleistifte, Bücher, Anweisungen),

- unternimmt oft ohne Rücksicht auf mögliche Folgen kör-
  perlich gefährliche Aktivitäten (nicht aus Abenteuerlust),
  rennt zum Beispiel ohne zu schauen auf die Straße.

Die Symptome sind so angeordnet, daß die am häufigsten auf-
tretenden zuerst genannt werden.

7 Welche anderen Störungen sind vom hyperkinetischen Syndrom abzugrenzen?

Keineswegs jedes Kind, das durch Unruhe auffällt, leidet an einem hyperkinetischen Syndrom. Zunächst ist abzuklären, ob nur die Umgebung – aus was für Gründen auch immer – das Kind als lästig, störend und unruhig empfindet und ob es sich nicht lediglich um ein durchaus noch altersentsprechendes Verhalten eines besonders lebhaften Kindes handelt, das Eltern, die selber schon starkem Streß ausgesetzt sind, noch zusätzlich Probleme bereiten kann.

Weiterhin muß ausgeschlossen werden, daß die Hyperaktivität Ausdruck einer ungünstigen sozialen Entwicklung ist. Wenn ein Kind in einer schlecht strukturierten Familien- oder sonstigen Gruppengemeinschaft aufwächst, in der schon zwischen den erwachsenen Mitgliedern massive emotionale Probleme bestehen, ist es gar nicht verwunderlich, wenn es mit gesteigerter Unruhe, vermehrter Reizbarkeit und aggressivem Verhalten reagiert. Die Ursache dieser Auffälligkeiten liegt dann nicht im Kind selbst, sondern in der gestörten Umgebung; hier und nicht beim Kind muß eine Behandlung zunächst ansetzen. Wenn die äußeren Belastungen für das Kind so groß waren, daß es schon dauerhaft seelischen Schaden genommen hat, ist natürlich auch das Kind selbst zu behandeln und zwar psychotherapeutisch.

Zeigen sich hyperaktive Verhaltensweisen erst in der Schule, ist immer daran zu denken, daß ein Kind durch die Anforderungen der Schule und die Forderungen der Eltern schlicht intellektuell überfordert sein kann und darauf mit Symptomen wie Unruhe und Aggression reagiert. Die Therapie der Wahl ist in diesem Fall eine Änderung der Erwartungshaltung der

Eltern und gegebenenfalls eine Umschulung in eine dem Niveau des Kindes angemessene Einrichtung. Auch der umgekehrte Fall – eine chronische Unterforderung bei im Prinzip ausgezeichnetem intellektuellen Leistungsvermögen – kann nicht nur zur Langeweile und Abstumpfung, sondern auch zu Unruhe und Aggression führen.

Auszuschließen ist das Vorliegen einer höhergradigen Hör- oder Sehstörung beim Kind als Ursache von Unruhe und Frustration in der Schule.

Ganz besonders muß bei Schulproblemen an das mögliche Bestehen von Teilleistungsstörungen (Rechtschreib- und Leseschwäche, Rechenschwäche) gedacht werden. Diese sind zwar oftmals mit einem hyperkinetischen Syndrom verbunden (s. Kapitel 3), können aber – und dies ist noch häufiger der Fall – auch isoliert auftreten und beim Kind zu schwerer Frustration mit den entsprechenden Folgen führen. Es kann nicht oft genug darauf hingewiesen werden, daß an die Diagnostik dieser Teilleistungsstörungen, die offiziell nicht einmal als krankheitswertig anerkannt sind, auch in eigentlich spezialisierten Institutionen häufig nicht gedacht wird. Lange Leidenswege sind für die Betroffenen vorprogrammiert. Auch bei den Lehrern ist das Wissen um diese Störungen leider noch sehr lückenhaft, auch wenn von offizieller Seite der Eindruck erweckt wird, als ob das Erkennen dieser Störungen zur routinemäßigen Ausbildung der Lehrer gehöre.

Prinzipiell kann es bei einem Kind zu gesteigerter Unruhe, Aggressivität und Reizbarkeit kommen, wenn es eine körperliche Erkrankung – etwa eine Virusinfektion – durchmacht oder gerade hinter sich hat. Hier wechseln Phasen von Lethargie und vermehrter Müdigkeit mit den erwähnten Symptomen, wobei dieser Zustand Monate dauern kann.

Außerdem ist daran zu denken, daß gerade hyperaktives Verhalten häufig im Rahmen einer Allergie auftreten kann, durch deren Behandlung sich dann die Symptome der Überaktivität zurückbilden. Auch bestimmte Hauterkrankungen wie juckende Ekzeme können Kinder verständlicherweise extrem bewegungsunruhig machen.

Schwere Unruhezustände sind bekannt bei einer Entgleisung des Schilddrüsenstoffwechsels im Sinne einer Überfunktion. Verbunden hiermit ist in der Regel ein stark beschleunigter Herzschlag, ständiger Heißhunger mit Gewichtsabnahme trotz enormer Nahrungszufuhr und eine ausgeprägte Überempfindlichkeit gegen Wärme. Diese Symptome treten bei entsprechenden Störungen sowohl im Kindes- als auch im Erwachsenenalter auf und sollten Anlaß zu umgehender internistisch-endokrinologischer Abklärung sein.

Schließlich sind einige Krankheitsbilder vom hyperkinetischen Syndrom abzugrenzen, zu deren Diagnostik und Behandlung ganz spezielle kinderpsychiatrische Kenntnisse erforderlich sind – ein Beleg dafür, daß die Diagnose eines hyperkinetischen Syndroms im Zweifelsfall immer in Kooperation mit einem Kinderpsychiater gestellt werden sollte. Zu nennen sind hier zunächst Auffälligkeiten im Rahmen von Anfallskrankheiten (Epilepsien). So werden Kinder im Grundschulalter oftmals als extrem unaufmerksam abgestempelt, weil sie im Lauf des Tages Hunderte von sekundenlangen Bewußtseinslücken (Absencen) haben, während denen sie nicht wahrnehmen, was um sie herum vor sich geht. Für alle klar wird das zugrundeliegende Leiden sofort dann, wenn erstmals ein großer generalisierter Krampfanfall auftritt – dies kann aber durchaus erst Jahre nach Beginn der Absencen passieren. Die Diagnose eines Anfallsleidens mit gehäuften Absencen (Pyknolepsie) wird durch die Ableitung typischer Veränderungen in der Hirnstromkurve (Elektroenzephalogramm − EEG) gestellt. Um die Pubertät herum tritt ein spezielles Anfallsleiden, das Impulsiv-Petit mal, auf, das sich mit kurzen Zuckungen der Arme, selten auch anderer Körperteile äußert. Die Kinder beziehungsweise die Jugendlichen gelten dann als nervös, zappelig und schreckhaft. Auch hier finden sich typische Veränderungen im EEG. Gemeinsam ist diesen Erkrankungen, daß sie sich heute ganz ausgezeichnet medikamentös behandeln lassen, so daß eine frühzeitige Diagnose um so wichtiger ist, um den Kindern Ärger und Frustrationen zu ersparen. Schließlich ist im Rahmen von Anfallskrankheiten bei manchen Kindern eine psychische

Veränderung zu beobachten, das epileptische Psychosyndrom, das öfters mit erheblicher Unruhe, Reizbarkeit und Aggressivität einhergeht und mit einem hyperkinetischen Syndrom verwechselt werden könnte. Hier ist in der Regel aber die Grundkrankheit bereits längere Zeit bekannt. Das gleiche gilt für entsprechende Verhaltensauffälligkeiten bei Kindern, die eine schwere organische Hirnschädigung aufweisen.

Eine besondere Form einer Erkrankung des zentralen Nervensystems – zuweilen auch in Kombination mit dem hyperkinetischen Syndrom auftretend – ist das Gilles-de-la-Tourette-Syndrom aus der Reihe der sogenannten Tic-Erkrankungen, das gekennzeichnet ist durch meist zwischen dem 5. und 8. Lebensjahr auftretende stets in gleicher Weise ablaufende (stereotype) unwillkürliche spontane Bewegungen, verbunden mit depressivem und aggressivem Verhalten, bei einem Teil der Betroffenen im weiteren Verlauf mit sprachlichen Äußerungen in Fom von Flüchen und Verwünschungen einhergehend. Eine hiervon abzugrenzende Störung ist die Chorea, bei der es nicht zu stereotypen, sondern zu ganz wechselnden Muskelzuckungen sowohl in Armen und Beinen als auch am Rumpf kommt. Eine speziell im Kindesalter auftretende Form ist die Chorea minor (volkstümlich Veitstanz genannt), eine Folgekrankheit nach Scharlach (Infektion mit speziellen Bakterien, den Streptokokken).

Schließlich können bereits im Kindesalter psychiatrische Erkrankungen (Psychosen) auftreten, die mit massiver Unruhe und Umtriebigkeit einhergehen und einer sofortigen – meist stationären – Behandlung bedürfen.

Eine Übersicht über die bei der Abgrenzung vom hyperkinetischen Syndrom zu berücksichtigenden Störungen gibt Tabelle 7-1.

Tabelle 7-1: Vom hyperkinetischen Syndrom abzugrenzende Störungen

Lebhaftes Verhalten als Normvariante
Ungünstige soziale Entwicklung, gestörtes Milieu
Minderbegabung
Hör- und Sehstörung
Isolierte Teilleistungsstörungen
Körperliche Erkrankung (z. B. Virusinfektion)
Allergie
Hauterkrankungen (z. B. juckendes Ekzem)
Schilddrüsenüberfunktion
Anfallskrankheiten (Epilepsien)
Schwere Hirnschädigungen unterschiedlicher Ursachen
Tic-Erkrankungen (z. B. Gilles-de-la-Tourette-Syndrom)
Chorea (»Veitstanz«)
Psychiatrische Erkrankungen

8 Welche Ursachen kann das hyperkinetische Syndrom haben?

Bei der Erforschung der Ursachen des hyperkinetischen Syndroms sind prinzipiell zwei Ansätze zu unterscheiden, nämlich der *biologische* – das heißt es handelt sich um eine *organische* Störung – auf der einen Seite und der *psychologische*, wonach frühkindliche *emotionale* Störungen das Bild verursachen, auf der anderen Seite. Ähnliches galt lange Zeit auch für die Legasthenie (Lese- und Rechtschreibstörung), eine Teilleistungsstörung, die ja öfters mit dem hyperkinetischen Syndrom gemeinsam auftritt. Es gab früher ernsthafte Befürworter der Theorie, wonach es sich bei der Legasthenie um ein neurotisches und somit einer analytischen Therapie zugängliches Phänomen handelt. Beim hyperkinetischen Syndrom spielen die Autoren, die eine im wesentlichen psychische Verursachung annehmen, im mittel- und nordeuropäischen Raum ebenso wie in den USA eine Außenseiterrolle. Etwas anders verhält es sich in den südeuropäischen Ländern, wo man eher geneigt ist, den psychodynamischen Aspekt im Vordergrund zu sehen. Als Beleg für die psychische Verursachung wird die Beobachtung angeführt, daß sich Mütter hyperaktiver Kinder ihren Säuglingen und Kleinkindern gegenüber weniger liebevoll verhielten als andere Mütter und dadurch das Kind dazu brächten, mit vermehrter Unruhe zu reagieren. Dabei wird aber verkannt, daß die zeitweise andere Einstellung der Mutter zu ihrem Kind bereits eine Überlastung durch das primäre Verhalten des Säuglings anzeigt. Außer Frage steht andererseits, daß bei der Entwicklung eines Kindes mit hyperkinetischem Syndrom psychologische Aspekte eine wesentliche Rolle spielen. Die automatisch spätestens in der Schulzeit erfolgenden Frustra-

Abb. 8-1: Ursachen des hyperkinetischen Syndroms

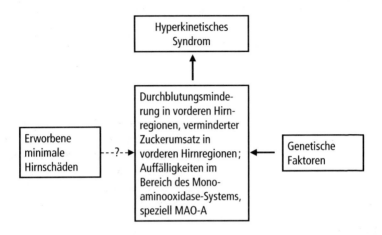

tionserlebnisse führen oft zu einer Zunahme von aggressivem Verhalten und Unruhe, so daß ein regelrechter Teufelskreis in Bewegung gesetzt wird, der das Kind immer mehr zum Außenseiter werden läßt. Dies hat aber mit der eigentlichen Ursache nichts mehr zu tun.

Hinsichtlich der *organischen* Faktoren, die das hyperkinetische Syndrom bedingen, herrscht trotz intensiver Forschung noch keine endgültige Klarheit. Sicherlich ist es so, daß diese Diagnose noch einen Sammeltopf darstellt, in dem von der Ursache her verschiedene Störungen zusammengefaßt werden (s. Abb. 8-1).

Es gibt einige *Allergiker*, die hyperkinetisches Verhalten aufweisen, das sich unter Behandlung der Allergie bessert. Der Umkehrschluß, daß das hyperkinetische Syndrom somit eine Allergie – insbesondere wurden Nahrungsmittelzusätze, Zucker, Milcheiweiß verdächtigt – darstellt, ließ sich aber nicht aufrechterhalten. Bei weniger schweren Fällen mit hyperkinetischem Syndrom wurden zwar gewisse Besserungen des subjektiven Befindens unter einer Diät mit massiver Reduzierung von möglicherweise allergieverursachenden Stoffen gesehen, aber keine Besserung der testpsychologischen Befunde; hinzu kommt, daß eine solche Diät sehr zeit- und kostenaufwendig ist und auf Dauer erheblich in das Leben der Kinder und Eltern eingreift. Bezüglich der subjektiven Besserung ist durchaus auch an einen Plazeboeffekt zu denken (s. hierzu Kapitel 9). Nach der neueren wissenschaftlichen Literatur zu diesem Thema gibt es bislang keine ausreichend fundierten Hinweise auf eine allergische Verursachung des hyperkinetischen Syndroms.

Ähnliche Störungen wie beim hyperkinetischen Syndrom kennt man auch bei Kindern mit Infektionen, die das zentrale Nervensystem betreffen, wie etwa Keuchhusten, bei Vergiftungen und bei Kindern mit nachgewiesenen Hirnschäden. Diese Parallelen veranlaßten in den 50er und 60er Jahren zur Annahme einer sogenannten *»minimalen cerebralen Dysfunktion (MCD)«*, also einer leicht gestörten Hirnfunktion, erworben durch Schäden während der Schwangerschaft oder unter der Geburt, als entscheidender Ursache des hyperkinetischen Syndroms. Tatsächlich wird bei Kindern mit hyperaktivem Verhalten eine größere Häufigkeit von Komplikationen um die Geburt herum beobachtet, die im Einzelfall möglicherweise ein zusätzlicher Faktor bei der Entstehung des hyperkinetischen Syndroms sein könnten. Die Gründe für solche Schäden können vielfältig sein: mangelnde Sauerstoffversorgung, Virusentzündungen, bakterielle Entzündungen, Medikamente, Giftstoffe. Es muß aber eine klare Abgrenzung zwischen den Symptomen einer psychomotorischen Unruhe bei eindeutig belegten Hirnschäden und dem hyperkinetischen Syndrom erfolgen. Beim ganz überwiegenden Teil der Kinder mit hyperkinetischem Syndrom lassen sich keine krankhaften neurologischen Befunde erheben. Gegen die Annahme einer minimalen zerebralen Hirnschädigung als Ursache des hyperkinetischen Syndroms spricht im übrigen, daß die bisherigen Untersuchungen eindeutig an *Erbfaktoren* denken lassen. Dann aber dürften äußere Einflüsse auf das Gehirn nicht die entscheidende Rolle spielen. Wesentlich sind hier die Studien an Zwillingen, die belegen, daß eineiige Zwillinge im Gegensatz zu zweieiigen praktisch immer beide von dem Leiden betroffen sind. Die Eltern von Kindern mit hyperkinetischem Syndrom berichten viel häufiger von entsprechenden Störungen in ihrer eigenen Kindheit als die Eltern von unauffälligen Kindern. Vor diesem Hintergrund ist es nun interessant zu sehen, daß die moderne Wissenschaft *Auffälligkeiten in bestimmten Hirnregionen* nachweisen kann, die speziell bei Kindern mit hyperkinetischem Syndrom auftreten. Durch neue Untersuchungsmethoden (rCBF, regional cerebral blood flow − regionale Hirndurchblutung; SPECT − Single-Photon-Emissions-Computertomographie; PET − Positron-Emissions-Tomographie) ist es möglich geworden, mit Hilfe radioaktiv markierter Substanzen sowohl die Durchblutung als auch den Stoffwechsel in den einzelnen Hirnregionen zu erfassen; es handelt sich hierbei um sehr aufwendige Verfahren, die bisher ausschließlich bei wissenschaftlichen Studien angewendet werden. Tatsächlich ergaben rCBF-, SPECT- und PET-Studien, daß bei Betroffenen in vorderen und tiefen Hirnanteilen eine verminderte Durchblutung sowie ein verminderter Zuckerumsatz vorliegen. Umgekehrt werden hintere Hirnanteile vermehrt durchblutet. Hier liegt die Sehrinde – vielleicht erklärt dieser Befund, warum Kinder mit hyperkinetischem Syndrom durch optische Reize so leicht ablenkbar sind. Messungen nach Gabe von Methylphenidat (Ritalin) zeigten, daß die vorher verminderte Durchblutung in den vorderen Hirnarealen sich normalisierte. Da Medikamente wie Methylphenidat ihre Wirkung über chemische Überträgerstoffe – »Neurotransmitter« – im Hirn entfalten, wurden in den letzten beiden Jahrzehnten viele Untersuchungen zur möglichen Wirkungsweise bestimmter Transmittersysteme auf Ausbildung und Ausprägung des hyperkinetischen Syndroms durchgeführt. Hierbei untersuchte man speziell Überträgerstoffe, deren Beeinflussung durch Substanzen wie Methylphenidat bekannt ist. Besonders überprüft wurden die Transmitter Serotonin, Dopamin und Noradrenalin. Die Vermutung eines alleinigen Mangels an Dopamin oder Serotonin als Ursache des hyperkinetischen Syndroms ließ sich dabei ebensowenig bestätigen wie die eines alleinigen Überschusses von Noradrenalin. Immer mehr Bedeutung gewinnt dagegen die sogenannte Monoaminooxydase (MAO)-Hypothese. MAO ist ein im Gehirn weit verbreitetes Enzym, das in zwei Formen (MAO A und MAO B) vorliegt. Es reguliert als MAO A so wichtige Neurotransmittersysteme wie Serotonin und Noradrenalin, als MAO B greift es in den Dopaminstoffwechsel ein. Die Aktivität der MAO fällt üblicherweise nach der Kindheit deutlich ab; dies ist bei Kindern mit hyperkinetischem Syndrom nicht der Fall. Von Methylphenidat ist ebenso wie von Amphetamin sowie weiteren bei der Behandlung des hyperkinetischen Syndroms bewährten Substanzen wie Desipramin (Pertofran) und Imipramin (Tofranil) bekannt, daß es die MAO-Aktivität hemmt. Neuere Untersuchungen haben ergeben, daß speziell Hemmer der MAO A ebenfalls einen sehr guten Einfluß auf das hyperkinetische Syndrom haben (näheres hierzu im Kapitel 9), aber nicht der spezifische MAO-B-Hemmer Selegilin (Deprenyl, Movergan). Letzterer wirkt dagegen beim Parkinson-Syndrom, wo man ja inzwischen genau weiß, daß ein Mangel an Dopamin zugrunde liegt. So weit ist man in der neurochemischen Ursachenforschung beim hyperkinetischen Syndrom noch nicht. Alles in allem ist aber die Hypothese eines Überschusses an Monoaminooxidase derzeit die am besten untermauerte.

9 Welche Behandlungsmöglichkeiten gibt es?

Allgemeines zu Therapieeffekten

Bevor die einzelnen Behandlungsmöglichkeiten aufgezeigt und in ihrer Wirkung besprochen werden, erscheint es notwendig, auf ein Phänomen einzugehen, das sich *Plazeboeffekt* nennt. Dieser Ausdruck ist den meisten medizinischen Laien unbekannt. Sie können deshalb eine teilweise sehr erbittert geführte Diskussion nicht verstehen, bei der es oft heißt:»Eine Wirksamkeit konnte in wissenschaftlichen Studien nicht nachgewiesen werden«, obwohl sie doch gerade von jemandem glaubhaft von der Wirkung einer bestimmten Therapie unterrichtet worden sind. Dieser Effekt wird häufig, ohne besondere Erwähnung, von Kritikern der Schulmedizin benutzt, um Menschen zu zeigen, daß die etablierte Medizin Außenseitermethoden ohne Grund disqualifiziert. Sie selbst preisen dann pseudowissenschaftliche Methoden an, um oft viel Geld mit der Not der Menschen zu machen, die zunächst an sie glauben.

Beim Plazeboeffekt handelt es sich um ein Geschehen im Körper, bei dem bestimmte nachweisbare Substanzen (Endorphine) freigesetzt werden, die tatsächlich eine Veränderung des Befindens bewirken, obwohl in einer Tablette beispielsweise nur Lebensmittelstärke enthalten war. Schon die Erwartung, daß nun etwas gegen eine gesundheitliche Störung unternommen wird, kann im Organismus einen Prozeß in Gang setzen, der zum Beispiel auch Schmerzphänomene bessert. In wissenschaftlichen Studien konnte belegt werden, daß bei etwa 30 Prozent aller Schmerzpatienten eine Besserung auf dieser Basis erzielt wird, die ungefähr vier Wochen anhält und durch ein

Gegenmittel zu den oben erwähnten Substanzen sogar aufgehoben werden kann. Da beim hyperkinetischen Syndrom neben der medikamentösen Therapie viele andere Methoden ausprobiert worden sind, die wie zum Beispiel bei einer strengen Diät die Einbeziehung der Familie erfordern, kommt es im Zusammenhang mit der Wahl der Therapie auch zu einer Diskussion über die Erkrankung und die Belastung der Angehörigen durch den Betroffenen. Schon ein solches Gespräch ändert etwas im Tagesablauf, manchmal genügt es, wenn Geschwister lernen, daß die Unbeherrschtheit kein Ausdruck von bösem Willen, sondern ein »nicht an sich halten können« ist. Wenn also auch in diesem Buch davon die Rede sein wird, daß die Wissenschaftler keine Wirkung nachweisen konnten, heißt das, daß mit immer wiederholbaren, standardisierten Methoden nicht der in Einzelfällen glaubhafte Effekt gefunden werden konnte. Dies ist gerade bei schwer betroffenen Hyperkinetikern ein wichtiger Grund, die bei vielen Behandelten bewährten Therapien zu bevorzugen und nicht allzu lange in der Hoffnung zu experimentieren, daß eine nur bei wenigen wirksame nichtmedikamentöse Außenseitermethode zum gewünschten Erfolg verhilft.

Spezifische Behandlungsmöglichkeiten

Zunächst kann man vier deutlich unterscheidbare Bereiche in der Therapie des hyperkinetischen Syndroms aufzeigen, die nicht unbedingt voneinander getrennt angewendet werden müssen, sondern durchaus miteinander ein Therapiekonzept bilden können.

Den Anfang bilden die *nichtmedikamentösen Ansätze*, die vor allem bei vielen auf natürliche Ernährung eingestellten Eltern großen Anklang finden. So haben sich in den vergangenen zwei Jahrzehnten immer wieder neue Theorien entwickeln können, wonach scheinbar die Ursache der Erkrankung erkannt worden war. In Zusammenhang mit diesen Vorstellungen wurden auch jeweils Konzepte für eine Therapie angeboten. Viele Möglichkeiten, gerade im Hinblick auf Diäten, scheinen den Eltern ungefährlicher zu sein als eine medikamentöse Behandlung und erfreuen sich deshalb großer Beliebtheit. Es darf hierbei jedoch nicht übersehen werden, daß auch eine Diät für einen im Wachstum befindlichen Organismus einen Eingriff bedeutet, und damit auch in diesem Bereich stets eine sorgfältige ärztliche Überwachung der Therapie gewährleistet sein muß, weil sonst eine Entgleisung des Stoffwechsels nicht rechtzeitig erkannt werden kann.

Behandlung mit Diät

Der Allergologe B. Feingold glaubte Mitte der 70er Jahre in den *Salizylat*-Zusätzen, die zur Haltbarmachung und Aromatisierung von Nahrungsmitteln eingesetzt werden, die Ursache für die Hyperaktivität gefunden zu haben und veröffentlichte gemeinsam mit S. Feingold das Diätbuch »The Feingold cookbook for hyperactive children«. Schon 1982 wurde bei einer Expertenkonferenz beschlossen, daß aufgrund fehlender Beweise der Wirksamkeit dieser Diät – nur in Einzelfällen konnten spezifische Veränderungen unter Belastung gefunden werden – keine generelle Empfehlung zur Behandlung des hyperkinetischen Syndroms ausgesprochen werden konnte. Es ist sicher kein Fehler, wenn Eltern immer darauf achten, daß die Nahrung nicht durch zu viele künstliche Substanzen verändert ist, dem kindlichen Organismus also auf diese Weise unnötige Belastungen erspart werden.

Die nächste große Hoffnungswelle in bezug auf eine Therapie ohne Medikamente löste die Apothekerin H. Hafer aus, die glaubte, die dem Körper von außen zugeführten *Phosphate* seien Auslöser des hyperaktiven Verhaltens. Bis heute gibt es keine wissenschaftliche Bestätigung der Theorie einer Phosphatvergiftung, was bei fundierter Kenntnis der körpereigenen hormonellen Regelmechanismen auch nicht zu erwarten ist. Die normale tägliche Phosphatzufuhr liegt zwischen 600 und 1 200 Milligramm, nach der Theorie von Frau Hafer genügen bereits 30 Milligramm, um hyperkinetisches Verhalten zu pro-

vozieren. Die Steuerung des Körpers gleicht den täglich
schwankenden mit der Nahrung aufgenommenen Anteil an
Phosphat aus, indem schon in den Knochen als Kalziumphos-
phat vorhandenes Phosphat da bereitgestellt wird, wo es benötigt wird. Bei einer Studie in Mannheim fand man selbst bei
Kindern, die eine Veränderung des Verhaltens bei Phosphatbelastung zeigten, keinen Unterschied der Konzentration
von Phosphat im Blut im Vergleich zu Kindern, die nicht rea-
gierten. Die sogenannte phosphatreduzierte Kost kann einen
schweren Kalziummangel mitbedingen, der im schlimmsten
Fall die Knochen so schädigt, daß es zum Beispiel nach Kno-
chenbrüchen, die ja im Kindesalter nicht so selten sind, anschließend nicht zur Knochenneubildung und damit auch nicht
zur Heilung kommt. Eine in Deutschland sehr verbreitete Elterninitiative hatte früher den Namen »Phosphat-Liga«, um damit anzuzeigen, daß sie eindeutig diese Behandlungsmöglich-
keit bevorzugt. Nachdem sich jedoch gezeigt hat, daß unter
Phosphatbelastung zwar Veränderungen im Verhalten der
Kinder auftreten können, daß jedoch beispielsweise bei manchen Betroffenen sogar eine Verbesserung der Hyperaktivität
und nur bei einigen Kindern eine Verschlechterung eingetreten
ist und daß sich aus diesen Ergebnissen keine generelle Thera-
pieempfehlung ableiten läßt, hat sich diese Gruppierung umbe-
nannt; sie heißt heute »Arbeitskreis überaktives Kind«.

1979 beschrieb Crook einen Zusammenhang zwischen Steigerung der Hyperaktivität sowie Aggressivität und der *Zucker*-
belastung. Provokationsversuche anderer Wissenschaftler
konnten diese Auffassung jedoch nicht bestätigen; Wender
fand 1991 zwar eine Abnahme der Aufmerksamkeitsleistung,
jedoch keine Veränderung des hyperaktiven Verhaltens und
der Aggressivität. Übereinstimmend wird davon berichtet, daß
hyperkinetische Kinder ein geradezu suchtähnliches Verhalten
in bezug auf Süßigkeiten haben, daß sie ungeheure Mengen
Kohlehydrate verspeisen wollen, um sich wohl zu fühlen. Dieser von den Betroffenen beschriebene Effekt kann mit der Wirkung auf das Serotonin zusammenhängen, das ein wichtiger
Botenstoff im Hirnstoffwechsel ist, dessen Erhöhung oder Er-

niedrigung auf das seelische Befinden des Menschen einwirkt. Serotonin hat weitere wichtige Funktionen: Noch ist es in seiner ganzen Wirkungsvielfalt nicht vollkommen erforscht, man weiß jedoch, daß es bei der Entstehung von Migräne und Depressionen ebenfalls eine große Rolle spielt. Auch bei der Auslösung von anderen Reaktionen des Körpers auf bestimmte Substanzen wie beispielsweise der Allergie, spielen die Katecholamine – Serotonin gehört dazu – eine wichtige Rolle.

Damit kommen wir nun zum weiteren Therapieansatz, der sich aus der diätetischen Therapie der kindlichen Migräne entwickelt hat: der *oligoantigenen Diät*. Egger und Mitarbeiter haben eine Diät entwickelt, bei der die Nahrungsmittel weggelassen wurden, von denen bekannt ist, daß sie häufiger Allergien auslösen. Bei einer Untersuchung in Mannheim wurde die gleiche Diät hyperaktiven Kindern gegeben. Die Ergebnisse unterschieden sich jedoch in ihrer Aussage dahingehend, daß die von Egger gesehene Verbesserung der Symptomatik bei 60-70 Prozent der Kinder in Mannheim nur bei 10 Prozent der Kinder gesehen wurde. Wenn Kinder neben ihrer Hyperaktivität auch Symptome einer Allergie aufweisen, ist es sicher sinnvoll, eine solche Testung und gegebenenfalls den Versuch der Desensibilisierung – das heißt, das gefundene Allergen (auslösende Substanz) wird in ansteigender Dosierung dem Körper zugeführt, um eine Gewöhnung zu erreichen – vornehmen zu lassen. Es muß jedoch eine eindeutige Besserung der Symptome eingetreten sein, die auch von nicht zur Familie gehörenden Personen, beispielsweise den Lehrern, beobachtet worden ist, wenn eine solche das Leben des Kindes stark einschränkende Diät auf längere Zeit eingehalten werden soll.

Nicht selten wird ein solcher Therapieansatz mit einer Ideologie verbunden, beispielsweise mit einer Überschätzung des Wertes natürlicher Kost, und es kommt schließlich nicht mehr so sehr auf das Wohlbefinden des Kindes als auf das gute Gewissen der Eltern, insbesondere der Mütter, an, die in vielen Familien sowieso als Urheber des »schlechten« Verhaltens des Nachwuchses angesehen werden. Da die Zubereitung der Diät viel Einsatz erfordert, kann auf diese Weise auch ein Teil des

Schuldgefühls abgearbeitet werden. Eine solche Entlastung kann zu einer massiven Verleugnung des tatsächlichen Befindens des Kindes führen. Diese Fehleinschätzung ist dann Ursache eines Mißverständnisses zwischen Eltern und Kindern, weil sich bei den Eltern das Gefühl einstellt, die angebotene Hilfe werde vom Kind nicht akzeptiert, während das betroffene Kind auch unter Aufbietung aller seiner Kräfte die erforderlichen Leistungen nicht erbringen kann. Gelegentlich sind solche Familien in Fernsehdiskussionen zum Thema Hyperaktivität zu sehen, die betroffenen Kinder sitzen dann neben ihren tüchtigen Müttern. Inwiefern die Jungen und Mädchen von dieser Form der Behandlung wirklich profitieren, wird dabei meist nicht deutlich.

Psychotherapeutische Maßnahmen

Einige Kinderpsychotherapeuten sehen die Ursache der Hyperaktivität in einer psychodynamisch erklärbaren Beziehungsstörung zwischen Mutter und Sohn und führen deshalb eine *psychoanalytische* Behandlung der Kinder durch. Diese Theorien ignorieren jedoch die heute bekannten Ergebnisse der biologischen Ursachenforschung und dürften nur bei leichten Störungen zu einer Besserung führen.

Mehr Erfolg auch im Hinblick auf die spätere Lebensbewältigung verspricht dagegen eine Stärkung des Selbstbewußtseins durch *Verhaltenstherapie* im Sinne eines erfolgreichen *Selbstmanagements*, das den Kindern ermöglicht, sich in schwierigen Situationen zu strukturieren, das heißt, sich an Verhaltensanweisungen erinnern zu können, die dem Kind eine Kontrolle seiner Gefühle erlauben.

Die Verhaltenstherapie in Form von *Elterntraining* setzt genau da an, wo die Ratlosigkeit der Eltern auch für das Kind zu einer Belastung wird. Die Diplomheilpädagogin und Psychologin Cordula Neuhaus hat ein Programm entwickelt, das die Eltern befähigen soll, sich der Problematik, ein vom hyperkinetischen Syndrom betroffenes Kind zu erziehen, stellen zu können.

Eine wichtige Aufgabe erfüllen in dieser Hinsicht auch *Elterninitiativen*, wo sich die Entlastung von Schuldgefühlen oft schnell einstellen kann, weil die Erkenntnis, daß die Kinder vollkommen verschiedener Eltern trotzdem ähnliche Probleme haben, die Einsicht fördert, daß die Schwierigkeiten nicht durch die Erziehung verursacht sind. Auch hier gilt wie bei den bisher besprochenen Therapien, daß eine solche Gruppe nicht dazu mißbraucht werden darf, Ideologien zu verkaufen. Durch die Zusammenkunft der Eltern sollte keine neue »Religionsgemeinschaft« entstehen, sondern jedes Mitglied muß gemäß seiner weltanschaulichen Einstellung Hilfe finden. Die Erfahrung aus unserer Gruppe zeigt, daß die Erwartungen oft dahin gehen, daß die Eltern in eine solche Veranstaltung kommen, um ein Patentrezept zu erhalten. Sie sind dann geradezu enttäuscht, wenn sie keine vorgefertigte Gebrauchsanweisung erhalten, sondern erfahren müssen, daß die letzte Entscheidung nur bei ihnen und dem behandelnden Arzt liegen kann.

In seltenen Fällen bedarf es einer *heilpädagogischen Heimerziehung*, weil die betreuenden Personen mit der Führung des Kindes überfordert sind. Leider kommt es auch noch vor, daß schwererziehbare Kinder von den Jugendämtern, die die Hauptverantwortung bei der weiteren Versorgung tragen, nur pädagogischen Fachkräften vorgestellt werden, weil davon ausgegangen wird, daß es sich um eine mangelhafte Erziehung handelt. Einer nicht unerheblichen Zahl dieser Fachleute ist diese Störung als medizinisch definierte Erkrankung aber so wenig bekannt, daß die richtige Diagnose nicht gestellt und damit auch eine gezielte medikamentöse Behandlung nicht eingeleitet werden kann. Das wäre so, als wenn man einem Zuckerkranken seine Medikamente vorenthält, weil man diese Störung nicht kennt, aber irgendwie das Gefühl hat, daß die Leiden des Patienten etwas mit dem Essen zu tun haben könnten. Damit soll ausgedrückt werden, daß Pädagogen häufig einwenden, daß sie das hyperkinetische Syndrom sehr wohl kennen. Dabei übersehen sie aber, daß sie möglicherweise nur eine pädagogische Sichtweise der Behandlungsmöglichkeiten haben und damit die notwendige medizinische Diagnostik und Behandlung verhindern.

Motorische Übungsbehandlung

Viele Kinder sind in ihrer motorischen Entwicklung behindert; das gilt ganz besonders für die feinmotorische Geschicklichkeit, das heißt, daß spätestens im Kindergarten das Malen oder Ausschneiden nicht recht gelingen will. Hier können gezielte *motologische Übungsbehandlungen* beispielsweise durch Diplomsportlehrer, eine Verbesserung bringen. Außerdem gibt es Untersuchungen in den USA, wonach spezielle *ergotherapeutische Behandlungen* die Hirnreifung fördern sollen, so wie es bei Kindern mit Lähmungserscheinungen als Folge einer Komplikation bei der Geburt sehr sinnvoll ist, eine rechtzeitige krankengymnastische Behandlung durchzuführen, um falsche Bewegungsabläufe als Folge einer Störung der Gehirntätigkeit zu vermeiden.

Vor diesem Hintergrund versucht sich in den letzten Jahren eine neue Therapieform zu etablieren, wobei aus mehreren Fachdisziplinen eine bunte Mischung angerührt worden ist, die beim medizinischen Laien den Eindruck erwecken soll, daß es sich um eine wissenschaftlich untermauerte Theorie handelt. Sie nennt sich *Edukinesiologie* und verspricht, die »Blockade von Hirnbahnen« mit bestimmten Übungen, die sich angeblich an der Funktionsweise des Gehirns orientieren, wieder aufzuheben. Die Stiftung Warentest, die sicher in keiner Weise der Schulmedizin verpflichtet ist, hat diese Therapie als »Salontrick« eingestuft.

Bei *Teilleistungsstörungen* (s. Kapitel 3) muß eine langfristige gezielte Behandlung erfolgen, die üblicherweise von hierauf spezialisierten Psychologen durchgeführt wird. Auch hier verkaufen sich die Edukinesiologen als Lernberater und versprechen schnelle Hilfe beispielsweise bei der Überwindung einer Lese- und Rechtschreibschwäche. Es wird dabei eine Störung des Zusammenspiels der Augenbewegungen und der Informationsaufnahme angenommen (Originalton: »Blickrichtungsstreß erzeugt potentielle Blindheit« oder »Kinder, die nicht visualisieren können, das heißt blitzartig ein Wort erschaffen, schauen nach unten statt nach oben. Wissen ist mit Blick nach oben zu erlangen, Nichtwissen ist durch Blick in eine Zone unterhalb des Nabels bedingt«). Es handelt sich zwar um eine Wahrnehmungsstörung, die jedoch in dieser Form nicht vorhanden ist. Nach Ansicht der Kinesiologen ist die Informationsverarbeitung durch Blockierung an der Mittellinie und den Blick nach unten gestört; ihrer Ansicht nach muß ein Kind mit einer Lese- und Rechtschreibstörung nur nach oben schauen und die Augen von einer Seite des Gesichtsfeldrandes zur anderen bewegen, dann soll es in fünf Stunden Therapie seine Störung überwunden haben. Diese unrealistische Aussicht läßt viele Eltern neue Hoffnung schöpfen und erleichtert sie um nicht unerhebliche Geldsummen.

Außer der erwähnten Edukinesiologie gibt es weitere sogenannte Behandlungsverfahren wie beispielsweise die *Bioresonanz*, die umfassenden Erfolg bei allen Symptomen versprechen. Die Erfahrung zeigt jedoch, daß gerade Wunderversprechungen zu den größten Enttäuschungen führen, was weder den Kindern noch den Eltern, die schon viel Leid erfahren haben, zuzumuten ist.

Medikamentöse Behandlung

Zum Schluß dieses Kapitels kommt nun die medikamentöse Therapie an die Reihe, weil sie allen, die sich mit dieser Erkrankung beschäftigen, besonders im Gedächtnis bleiben soll. Seit über 50 Jahren werden Kinder vor allem in den USA mit einer Substanz behandelt, die das Gehirn anregt. Bei Nichtbetroffenen erzeugt das Mittel eine Überwachheit. Anders verhält es sich dagegen bei den von dieser Hirnstoffwechselstörung Betroffenen; sie leiden ja nach neueren Erkenntnissen der Wissenschaft an einer Untererregung bestimmter Hirnanteile, die mit der Gabe dieses Stoffes ausgeglichen werden kann. Es wird immer wieder behauptet, die Kinder würden von den Ärzten mit Psychopharmaka, das heißt mit Mitteln, die vor allem auf die Psyche des Menschen einwirken, ruhiggestellt, um nicht mehr als lästig empfunden zu werden. Dieser Vorwurf ist Ausdruck eines pseudowissenschaftlichen, gegen bewährte Methoden gerichteten Zeitgeistes. Erhebungen haben gezeigt, daß mit steigendem Bildungsgrad der Eltern die Akzeptanz einer medikamentösen Behandlung –»chemische Keule« – fällt, was sicher in Zusammenhang mit der früher geübten Praxis häufiger Verordnungen von Beruhigungsmitteln zu sehen ist. Es ist sehr bedauerlich, daß somit gerade gut begabte Kinder wegen eines solchen Vorurteils der Eltern von einer medikamentösen Behandlung ausgeschlossen werden. Ganz im Gegenteil zu dem erwähnten Vorwurf werden die Kinder nicht medikamentös ruhiggestellt, sondern durch eine Normalisierung des Gehirnstoffwechsels wacher gemacht, was wiederum zur Folge hat, daß sie sich nicht mehr selbst anregen müssen, um wach zu sein. Sie wirken deshalb nach der Einnahme der Medikamente entspannt und können sich auf ihre Umgebung einstellen, können an Spielen und am Schulunterricht teilnehmen, ohne ständig durch »sinnlose« Aktivitäten sich selbst ihre Wachheit garantieren zu müssen. Verschiedene Substanzen haben ähnliche Effekte, weil sie wahrscheinlich alle letztlich auf die beschriebene Stoffwechselstörung einwirken.

Die *Stimulanzien* sind die oben erwähnten anregenden Substanzen. Das am häufigsten eingesetzte Mittel in Tablettenform ist *Methylphenidat* mit dem Handelsnamen *Ritalin*, außerdem wird der Wirkstoff *Amphetamin* als Saft gegeben. Die ebenfalls ähnlich wirkende Substanz *Pemolin* findet als Tablette Anwendung und unterliegt nicht den Bestimmungen des Betäubungsmittelgesetzes. Sie kann in ihren positiven Auswirkungen auf die Symptomatik erst nach einer Anwendungszeit von ungefähr zwei Wochen beurteilt werden.

Weiterhin ist bekannt, daß auch andere Medikamente, die zur Behandlung von Gemütserkrankungen eingesetzt werden, sich bei der Behandlung des hyperkinetischen Syndroms bewährt haben. Dies sind *Neuroleptika*, die beispielsweise bei der Schizophreniebehandlung verwendet werden, und *Antidepressiva*, die gegen Depressionen wirken. Schon vor Jahrzehnten

Tabelle 9-1: Medikamentöse Behandlung des hyperkinetischen Syndroms

	Chemische Bezeichnung	Markenname
Psychostimulanzien	Methylphenidat	Ritalin
	Amphetamin	dl-Amphetamin-Saft
	Pemolin	Tradon
Neuroleptika	Thioridazin	Melleril
Antidepressiva	Amitriptylin	Saroten
	Imipramin	Tofranil
MAO-A-Hemmer	Moclobemide	Aurorix

gab es eine besondere Substanzgruppe, die Monoaminooxidase (MAO)-Hemmer, die in der Behandlung von Depressionen ihren Platz hatten. Sie waren jedoch nur bei strenger Einhaltung von Diätregeln anwendbar, weil sie sonst zu Kreislaufentgleisungen führen konnten. Seit einigen Jahren gibt es nun den Wirkstoff *Moclobemide*, der selektiv die MAO-A-Aktivität hemmt, aber nicht die früher gefürchteten Nebenwirkungen zeigt. Weil aus neueren Untersuchungen bekannt ist, daß die Hirnstoffwechselstörung gerade diese MAO-A-Aktivität betrifft, setzt man nun dieses neue Medikament mit dem Handelsnamen *Aurorix* ein, das von den Patienten gut vertragen wird, auch besonders bei der Behandlung von Jugendlichen und Erwachsenen. Es zeigt bei den meisten Betroffenen positive Auswirkungen auf das Krankheitsbild. Ein Vorteil bei der Verschreibung ist, daß diese Substanz nicht unter das Betäubungsmittelgesetz fällt und somit die aufwendigen Verordnungsvorschriften wie bei den Stimulanzien nicht anzuwenden sind.

Bei richtiger Diagnosestellung zeigen die Stimulanzien die beste Wirkung bei ungefähr zwei Dritteln aller betroffenen Personen. Der bei Gabe von Methylphenidat (Ritalin) meist schlagartig einsetzende Effekt nicht nur auf Unruhe und Konzentrationsmangel, sondern auch auf die motorische Geschicklichkeit wird aus Abbildung 9-1 ersichtlich. Wegen der Gefahr des möglichen Mißbrauchs wird Ritalin von vielen Ärzten nicht so gern verordnet. Dazu ist jedoch anzumerken, daß eine eventuelle Suchtgefahr nur bei Nichtbetroffenen gegeben ist; es ist in über die ganze Welt verteilt durchgeführten Studien nie belegt worden, daß die Einnahme von Stimulanzien später zu einer Suchtentwicklung bei Kindern mit hyperkinetischem Syndrom geführt hätte. Leider ist dieses Wissen weniger verbreitet als die

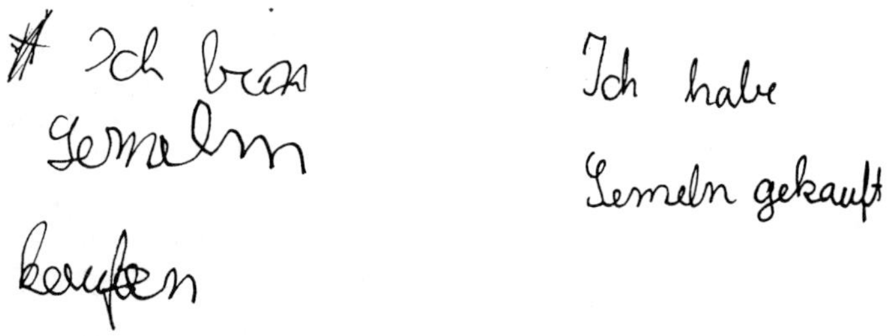

Abbildung 9-1: Schriftprobe eines hyperkinetischen Jungen mit Legasthenie vor (linke Hälfte) und eine halbe Stunde nach Einnahme von Ritalin (rechte Hälfte)

Angst der Ärzte, eine Suchtentwicklung mitzuverursachen. Gerade zu Beginn einer medikamentösen Behandlung kann ein für die Betroffenen und die Umgebung sehr unangenehmer Effekt auftreten, weil die Dauer der Wirkung von Ritalin und Amphetamin recht kurz ist. Nach ungefähr vier Stunden stellt sich die hyperkinetische Symptomatik dann manchmal in noch dramatischerer Form ein, als es vorher der Fall war. Weil am Nachmittag keine Stimulanzieneinnahme mehr erfolgen soll, um die Schlafbereitschaft nicht noch zusätzlich zu stören, können dann nur beruhigende Mittel zur Anwendung kommen, also Hausmittel in Form von Baldrian oder Hopfen oder die erwähnten vom Arzt zu verordnenden Psychopharmaka. Es klingt jetzt so, als ob man bei der medikamentösen Behandlung den Teufel mit dem Beelzebub austreiben wollte, aber es bedarf eben gelegentlich einer Eingewöhnungsphase, in der diese Schwankungen zwischen positiven Wirkungen und negativen Nebenwirkungen vorhanden sein können. Zu Beginn der Therapie kann das bedeuten, daß innerhalb eines Tages die Hoffnung auf eine entscheidende Verbesserung der Verfassung des Kindes von der Verzweiflung, daß alles noch schlimmer ist, abgelöst wird. Eltern sollten sich jedoch deshalb nicht gleich von dieser Therapie abwenden, weil sich diese Nebenwirkungen, die der behandelnde Arzt kennen und den Eltern mitteilen sollte, damit sie nicht so erschreckend sind, eben nach einer gewissen Zeit verlieren und dann der positive Effekt ganz im Vordergrund steht. Gerade zu Beginn einer medikamentösen Behandlung erscheint es besonders wichtig, daß auch der Arzt sich nicht irritieren läßt und eventuell eine vorübergehende Zusatzmedikation, wie beispielsweise Saroten oder Tofranil in geringer Dosis verordnet, um der Familie das Durchhalten zu ermöglichen. Ein anderer Grund, daß die Therapie nicht richtig wirkt, kann darin zu suchen sein, daß nicht genug von der entsprechenden Substanz verordnet worden ist. Gerade bei den Stimulanzien kommt es nur sehr selten vor, daß vom Arzt eine zu hohe Dosis verschrieben wird, meist ist eher das Gegenteil der Fall. Schwierigkeiten, die richtige Dosierung zu finden, ergeben sich auch daraus, daß der Bedarf bei jedem Kind anders ist. Die richtige Medikamentenmenge hängt nicht nur vom Schweregrad der Störung ab, sondern auch davon, daß jeder Mensch diese Substanzen in seinem Stoffwechsel mit anderer Geschwindigkeit und Intensität verarbeitet. Es gibt deshalb nicht die Möglichkeit, genaue Dosisanweisungen zu erteilen, die optimale Menge muß jeweils im Einzelfall gefunden werden.

Der schwerwiegendste Grund, die Langzeittherapie mit Stimulanzien zu beenden, kann ein ganz nachhaltiger *Appetitmangel* bei geringem Gewicht sein. Die meisten Kinder gleichen aber den tagsüber fehlenden Hunger durch vermehrtes Essen am Abend aus. Von der Familie wird dadurch viel Flexibilität gefordert, da sich die meisten Mütter danach sehnen, die Hausarbeit nach dem Abendbrot zu beenden.

10 Welche Ratschläge brauchen Familien mit hyperaktiven Kindern?

Die Illusion, daß Elternschaft automatisch Kompetenz in der Kindererziehung bedeutet, hat weitreichende Folgen insofern, als Eltern für alles verantwortlich gemacht werden, was an den Kindern nicht »normgerecht« ist. In Familien mit hyperaktiven Kindern wird dieser Gesichtspunkt deshalb besonders interessant, weil die meisten Eltern auch sich selbst nicht von dieser Illusion befreien können und deshalb unter großen Schuldgefühlen leiden, wenn bei ihren Kindern der Verdacht aufkommt, daß sie nicht so gut erzogen sind.

In vielen Familien wird viel zu viel Kraft darauf verwendet, nach außen den Eindruck einer gut funktionierenden Truppe zu machen. Der Druck ist oft schon durch die nächsten Angehörigen ungeheuer groß, weil niemand sehen will, daß das Kind einfach mit den üblichen Maßstäben nicht zu messen ist.

In Familien mit betroffenen Kindern muß deshalb als erstes die Vorstellung geopfert werden, man könne durch diese oder jene Maßnahme die »Normalität« zurückgewinnen. Die heutige Werbestrategie verstärkt zusätzlich den Druck. Sie versucht, die Einstellung zu erzeugen, man müsse nur zum richtigen Waschmittel oder zum gesunden Brotaufstrich greifen und schon kehrten Harmonie und Sonnenschein in das Familienleben ein. Viele Eltern brauchen Jahre, um von diesen Vorstellungen Abschied zu nehmen, aber wenn es ihnen gelingt, wird einstimmig darüber berichtet, daß sich dann auch eine Vereinfachung der Problematik erreichen läßt. Man kann seine Kräfte besser auf die Bewältigung der anstehenden Fragen konzentrieren und ist nicht ständig damit beschäftigt, Mißstände – etwa in der schulischen Entwicklung – zu vertuschen.

Der nächste wichtige Punkt ist, daß die Partner aufhören können, sich gegenseitig den schwarzen Peter zuzuschieben, nach dem Motto »Einer muß doch schuld sein«. Wenn dieser Zustand beendet ist, wird es dringend notwendig, sich darüber zu verständigen, wie die Aufgaben auf beide Partner verteilt werden können. Besonders in einer Zeit, in der die konservativen Werte wieder in den Vordergrund gerückt werden, muß darauf hingewiesen werden, daß die Mütter vollkommen überfordert sind, wenn sich die Väter ganz ihrem Beruf »widmen« und sich wenig an der Lösung der Probleme zu Hause beteiligen. Dies kann der Grundstein zu vielen Mißverständnissen sein, weil Väter auf diese Art nur wahrnehmen, daß ihre Kinder schreien, nerven und nicht zu lenken sind. Viele Männer entwickeln noch mehr Aktivitäten außer Haus, um diesen Belastungen zu entgehen. Sie verbauen sich dadurch aber auch die Chance, die andere Seite der Kinder kennenzulernen, die viel Witz, Charme und Kreativität besitzen. Bei einer konsequenten negativen Einstellung dem Kind gegenüber kann sich eine »Solidargemeinschaft« zwischen Mutter und Kind ausbilden, die den Vater ausschließt, der dann wegen Entfremdung den Weg aus dem gemeinsamen Leben suchen wird. Es ist also erforderlich, bestimmte Zeiten festzulegen, zu denen der Vater, egal was auch immer geschieht, für die Betreuung verantwortlich ist. Er wird dann eher bereit sein, sich von der Vorstellung zu verabschieden, daß die Schwierigkeiten durch die Erziehung der Mutter verursacht seien und kann auch lernen hinzunehmen, daß das Familienleben nach anderen Regeln ablaufen muß als bei der »Normalfamilie«.

Besonders schwierig ist die Situation sicher für ganz junge Eltern, die überhaupt in ihrer Lebenskonzeption noch nicht auf Elternschaft eingestellt waren, wenn sie das Schreien vor allem nachts bewältigen müssen. Es ist allen Eltern zu wünschen, daß sie einen Arzt finden, der die Störung kennt und ihnen dabei hilft, die Liebe und Geduld weiterhin aufzubringen, die der Säugling braucht. Sobald die Kinder laufen können, hilft nur eines: Alles was sie nicht haben dürfen, muß in unerreichbarer Höhe untergebracht sein, weil sonst ein Moment der Unaufmerksamkeit genügt, um sie beispielsweise am Putzmittel »probieren« zu lassen.

Eltern brauchen auch deshalb die Hilfe eines Arztes, der die Erkrankung gut kennt, weil er mit ihnen über die Ursachen sprechen kann, zumindest soweit sie uns heute bekannt sind, und damit die Last der Verantwortung im Sinne einer Verursachung durch »falsche« Erziehung von ihren Schultern nehmen kann. Die trotz allem vorhandenen unberechtigten Schuldgefühle können Grund einer ablehnenden Haltung sein, sie beeinträchtigen die gefühlsmäßige Nähe stark und verhindern oft den für das Kind so lebenswichtigen uneingeschränkten seelischen Rückhalt in der Familie.

Die Elterninitiativen leisten in dieser Hinsicht oft »erste Hilfe«, weil hier alle mit den meisten anstehenden Problemen vertraut sind und Erfahrungen mit der Bewältigung gemacht haben. Gerade vollkommen verunsicherte Eltern haben dort eine gute Möglichkeit, im Gespräch mit anderen Eltern über ihre »Fehler« laut nachzudenken, weil in einer solchen Runde alle schon ihre eigene menschliche Unzulänglichkeit kennengelernt haben und sicher nicht so vermessen sind anzunehmen, daß man den Erziehungsidealen täglich entspricht. In Kapitel 13 sind entsprechende Anlaufstationen für ratsuchende Betroffene angegeben. Auch in Bezug auf die schulischen Probleme sind die Selbsthilfeorganisationen sicher eine Informationsquelle für Tips, wo die Kinder mit entsprechenden Störungen am besten aufgehoben sind. Die Abbildung 10-1 soll Eltern helfen, schneller den Weg zu einer Therapie zu finden.

Im Umgang mit hyperkinetischen Kindern ist Echtheit der Gefühle das Wichtigste. Kinder haben in der Regel ohnehin ein gutes Gespür dafür, wann ihnen etwas vorgegaukelt wird. Bei den vom hyperkinetischen Syndrom betroffenen Kindern ist dieser Sinn schon früh besonders scharf ausgebildet. Je öfter sie die Erfahrung machen, daß zum Beispiel eine furchtbare Drohung eigentlich nur ein Papiertiger ist, desto weniger werden sie geneigt sein, sich Konsequenzen ihres Handelns zu überlegen. In der Praxis des Erziehungsalltags bedeutet das, sehr sparsam mit Verboten umzugehen, damit die Forderungen für

Abb. 10-1: Wege in die Therapie

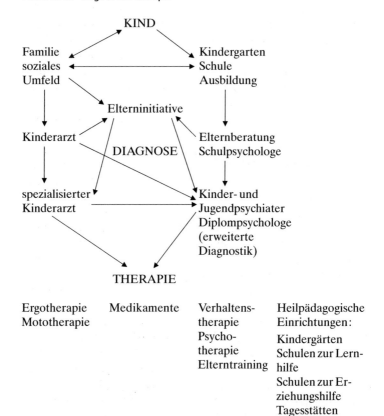

das Kind überschaubar bleiben. Gleichzeitig ist Disziplin vom Erziehenden gefordert, weil er bei Nichtbeachtung eines Gebotes die angedrohte Strafe tatsächlich ausführen muß. Es gibt sicher viele Modelle, wie diese Strafen auszusehen haben; sie müssen in Einklang mit der Lebensweise der Familie stehen und dürfen nicht unverständlich hart ausfallen. Da diese Kinder wegen ihres Erlebnishungers ständig nach neuen Reizen suchen, erscheinen ihnen Verhaltensweisen, bei denen sie auf die Bedürfnisse ihrer Umgebung Rücksicht nehmen sollen, vollkommen nebensächlich. Mit reichlichem Lob ist auch dann nicht zu sparen, wenn dem Erziehenden klar ist, daß das »Wohlverhalten« nur ein Zufallsprodukt ist, weil so die Regel nicht erneut ausgesprochen werden muß, das Kind aber durch Loben an die Regel, die es befolgen soll, in positiver Weise erinnert wird.

Bei der Erziehung eines hyperkinetischen Kindes gibt es demnach zwei Bereiche, die für den Erziehenden anstrengend sind. Erstens ist die Aufsicht eines solchen Kindes eine alle Sinne fordernde Angelegenheit, weil man für jede Situation vorher die Konsequenzen erahnen muß, damit sich die vom Kind nicht zu erkennenden Gefahren in Grenzen halten. Zweitens fehlt in dieser Beziehung das »Selbstverständliche« in den Absprachen zwischen Eltern und Kindern. Es gehört viel Einfühlungsvermögen dazu, alle Regeln, Gebote und Verbote so präsent zu erhalten, daß gegebenenfalls rechtzeitig eine Korrektur des Verhaltens ermöglicht werden kann, bevor es zu Auseinandersetzungen kommt. Kinder, die das Glück haben, mit Eltern aufzuwachsen, die wenig Bestätigung von außen brauchen, um sich in ihrer Einstellung dem Betroffenen gegenüber sicher zu fühlen, werden mehr Geborgenheit empfinden und damit auch mehr Vertrauen entwickeln können. Das seelische Befinden der Erwachsenen ist sowieso ein Kompaß für das Verhalten der Kinder, was leider nicht nur für die guten Tage gilt, sondern auch für die Zeiten mit seelischen Tiefs. Dann zeigt sich besonders die enorme psychische Abhängigkeit dieser Kinder, die zwar einen großen Teil des Tages nicht zu Hause sind, sich aber trotzdem nicht von der seelischen Verfassung der Mütter abgrenzen können, das heißt, daß in einem solchen Tief der Mutter die Stimmung der ganzen Familie auf einen Nullpunkt zusteuert. Hier helfen eigentlich nur Gespräche mit anderen betroffenen Eltern, weil sie am besten verstehen können, wie belastend es ist zu erleben, das eigene Kind mit in eine depressive Verstimmung hineinzuziehen, obwohl es doch eigentlich selbst auf dauernde aufbauende Zuwendung angewiesen ist. Sollte ein solches Gespräch keine Besserung der seelischen Verfassung bewirken, ist unbedingt auch an eine Behandlung durch einen Psychotherapeuten zu denken, möglichst einen ärztlichen, der, falls notwendig, auch gleichzeitig bei einem vom hyperkinetischen Syndrom betroffenen Elternteil eine medikamentöse Therapie einleiten kann.

Ganz besonders schwierig ist es, einen mit dieser Krankheit vertrauten Arzt für die Behandlung von Erwachsenen zu finden, weil sich bisher weitgehend die Ansicht erhalten hat, das hyperkinetische Syndrom sei eine Erkrankung des Kindesalters ohne die Notwendigkeit, auch betroffene Erwachsene zu behandeln. Nach meinen Erfahrungen mit einer Vielzahl von zum Teil erschütternden Berichten betroffener Erwachsener als Reaktion auf die Schilderung einer jungen Frau in einer Fernsehsendung zu dieser Thematik (Hans Meiser: Mein Kind ist hyperaktiv, 28.2.1995) kann man sicher davon ausgehen, daß diese »Fälle« bisher aus Scham verschwiegen worden sind und eben sehr wohl existieren. Die Tatsache, daß diese Frau von einer erfolgreichen Behandlung berichtete, die ihr Leben in positiver Weise vollkommen verändert hat, scheint vielen betroffenen Erwachsenen Mut zu machen, sich ebenfalls von einer medikamentösen Therapie eine Veränderung ihres Lebens zu erhoffen.

11 Was ist Lehrern zu raten?

Kinder sind keine Fässer, die gefüllt,
sondern Feuer, die entfacht werden sollen.

Rabelais

Jeder, der mit Kindern in verantwortlicher Position Umgang hat, sollte sich darüber klar werden, daß mindestens 4 Prozent aller Kinder am hyperkinetischen Syndrom leiden. Trotz aller Anzeichen, die auf diese Erkrankung hinweisen, ist es möglich, daß alle Beteiligten – Eltern, Kinderärzte und Lehrer – nicht daran denken, daß ein Kind, das zappelt und nicht aufpaßt, sich nicht absichtlich so verhält, sondern unter dieser Störung leidet. Schon die Erkenntnis, daß ein Schüler nicht gezielt den Lehrer mit seinen permanenten Störaktionen meint, entspannt zumindest das Verhältnis zwischen den beiden und kann dann dazu führen, daß beide ein Zeichen ausmachen, wann der Schüler sich wieder auf das Unterrichtsgeschehen einlassen muß. Wichtig für das hyperkinetische Kind ist, daß sein Verhalten, von dem es meist weiß, in welcher Weise es »nicht normal« ist, nicht dazu führt, daß es vor der ganzen Klasse blamiert wird; denn gerade Demütigungen werden Anlaß zur »Höchstleistung«.

Da auch Lehrer Menschen mit einem normalen Gefühlsleben sind, brauchen sie ebenso Erfolgserlebnisse im Beruf wie andere. An dieser Stelle konkurrieren nun hyperkinetische Kinder und Lehrer, oft sind die Erwachsenen unterlegen, weil sie nicht eine solche ausufernde Phantasie haben, um eine ganze Schulklasse permanent im Bann zu halten. Damit beginnt das große Unglück im Leben des Kindes, das den Sanktionen, die sein Verhalten zur Folge hat, ebenso hilflos ausgeliefert ist wie die Lehrer den Clownerien. Deshalb gilt als oberstes Gebot, keine Machtkämpfe auszufechten; denn die trägt das Kind schon im Familienkreis aus und ist deshalb routiniert. Jeder Lehrer wird in seinem Urteil sicher milder, wenn er verstehen lernt, daß das Kind nicht absichtlich so ist, sondern selbst wenn es will, sich oft nicht anders verhalten kann. Lehrer können hyperkinetischen Kindern helfen, ihr so schwieriges Leben zu meistern, indem sie ihnen Verständnis zeigen.

Nun kommt der schwierigste Teil dieser Ausführungen: Kinder mit einem hyperkinetischen Syndrom sind in ihrer Seele sehr verletzlich, sie haben häufig ein beschädigtes Selbstbewußtsein, weil sie auch im Kindergarten oft schon Außenseiter waren. Sie besitzen jedoch eine gut ausgeprägte Fähigkeit, Ablehnung zu spüren, selbst wenn sie noch so gut versteckt wird; das heißt, ein Lehrer, der ein hyperkinetisches Kind nicht mag, muß zunächst in seinem Seelenhaushalt Ordnung schaffen, vielleicht in Gesprächen mit Kollegen versuchen zu verstehen, woher diese Ablehnungsgefühle kommen, bevor er sich in einer Weise dem Kind zuwenden kann, die beiden Erfolgserlebnisse ermöglicht. Sobald sich diese Kinder angenommen fühlen, können sie ihr Störverhalten eher kontrollieren. Außerordentlich motivierend sind für betroffene Kinder Lob und Anerkennung; innerhalb der Klasse sollte das hyperkinetische Kind nicht isoliert am Rande sitzen, weil es dann sicher weniger Zuwendung erhalten wird. Falls in der Sitzordnung die Möglichkeit besteht, das Kind an den Mittelgang zu setzen, kann der Lehrer durch beruhigendes Berühren der Schulter Nähe signalisieren. Das Kind wird eine solche stumme Geste als Aufforderung akzeptieren, sich dem Unterrichtsgeschehen zuzuwenden, ohne daß wegen ständiger Ermahnungen der Unterricht für alle unterbrochen werden muß. Bei den heutigen Klassengrößen sind die Möglichkeiten, dem einzelnen gerecht zu werden, selbstverständlich eingeschränkt, aber wenn man sich speziell eines solchen Kindes annimmt, profitiert davon die ganze Klasse. Sollten zufälligerweise mehrere Kinder mit hyperkinetischem Syndrom in einer

Klasse sein, ist es in einer mehrzügigen Schule anzustreben, sie gleichmäßig auf mehrere Klassen zu verteilen, um eine Überforderung der anderen Kinder und des Lehrers zu vermeiden. Wichtig für alle Kinder ist ein eindeutiges Verhalten, die Anweisungen müssen klar sein. Die Strafen, die bei Nichtbeachtung ausgesprochen werden, müssen ebenfalls vorher bekannt sein und sollten immer bei allen gleich sein, damit sich das hyperkinetische Kind nicht auch noch durch schärfere Strafen benachteiligt fühlt.

Diese Empfehlung beinhaltet, daß im Ärger keine übertriebenen Sanktionen erfolgen sollten, die das Verhältnis zwischen beiden zusätzlich belasten. Obwohl diese Kinder ein großes Vergnügen daran haben können, den Lehrer lächerlich zu machen, sollte dies nicht mit gleicher Münze heimgezahlt werden, weil eine Bloßstellung vor der Klasse, möglichst wiederholt, zu großen seelischen Schäden führt. Ein Lehrer braucht viel Humor, dann wird das betroffene Kind eher einlenken!

Je mehr Druck auf ein solches Kind ausgeübt wird, um so mehr wird es versuchen zu beweisen, daß es sich nicht »unterkriegen« läßt und wird das Ausmaß an Ungezogenheit erhöhen: Der Zappel-Philipp entwickelt sich zusätzlich zum bösen Friederich.

Aus Gesprächen mit Eltern betroffener Kinder wird immer wieder deutlich, daß Lehrer, die sich neben den Eltern am intensivsten über einen wichtigen Lebensabschnitt mit unseren Kindern beschäftigen, mit dem Erscheinungsbild des hyperkinetischen Syndroms so wenig vertraut sind, daß sie schon beinahe reflexartig die Sonderschule – heute Förderschule für Lernbehinderte genannt – als Ausweg aus dem Dilemma empfehlen und nicht die dringend notwendige Vorstellung bei einem auf dieses Krankheitsbild spezialisierten Arzt. Das Vorurteil, das Verhalten des Zappel-Philipps beruhe auf einer falschen Erziehung und sei deshalb allein mit pädagogischen Mitteln behebbar, verbaut den Weg zu einer wirksamen medizinischen Behandlung, die oft eine erstaunlich rasche und durchgreifende Veränderung des Verhaltens bewirkt.

Ganz besonders sollte der Lehrer bei einem hyperkinetischen Kind darauf achten, ob es zusätzlich unter einer Teilleistungsstörung in Form einer Lese- und Rechtschreibstörung
oder einer Rechenstörung leidet, und es gegebenenfalls umge-
hend einer entsprechenden Behandlung zuführen.

12 Werdegang dreier hyperaktiver Kinder – Bericht einer Mutter

Ich bin sehr dankbar, daß ich meinen Ausführungen den Bericht einer Mutter, die ihre Anonymität im Interesse ihrer Kinder wahren möchte, anfügen darf; sie schildert hierin sehr eindrücklich, wie ihr Leben mit vier Kindern, davon drei erkrankten, verlaufen ist. Es wird deutlich, wie schwierig es ist, sich vom Druck, der ständig von außen auf die Familie ausgeübt wird, immer wieder zu befreien, um dem einzelnen Kind in seiner Eigenart gerecht zu werden.

Bercits in der Schwangerschaft beim ersten Kind die ersten Anzeichen, heftige Kindsbewegungen, wenige Ruhepausen – ich frage den Arzt, ob das normal sei – er zuckt nur die Schultern. S. wird eine Frühgeburt, cirka vier Wochen vor dem errechneten Termin. Er ist sehr klein. Daheim stellen wir fest, daß er sehr unruhig ist, er schreit viel, vor allem nachts. Wir gehen zum Arzt, der vermutet Blähungen, wir sollen Fenchel- und Kamillentee geben. S. trinkt wenig, schläft nach zwei, drei Schlückchen wieder ein. Der Tee hilft nicht. Die Milch muß ich abpumpen und ihm in der Flasche geben. Allmählich geht der Milchfluß zurück, hört ganz auf. Pünktlich um 22 Uhr fängt S. an zu schreien, stundenlang. Mein Mann ist genervt, Krach! Ich verbringe die folgenden Wochen bis in die frühen Morgenstunden im Drehsessel, mit Kind auf dem Schoß. Wenn ich einnicke und aufhöre zu drehen, geht das Gebrüll los. Ich nehme mehrere Kilo ab.

Mit etwa drei Monaten schläft er wenigstens nachts, alles in allem kommen wir auf etwa 6 von 24 Stunden Schlaf. Das genügt, tröstet mich der Kinderarzt, und im übrigen sei es ein

Zeichen von Intelligenz. Er ißt und trinkt nach wie vor wenig, bevorzugt milchfreie Kost. Er entwickelt sich dennoch gut, ist ein zierliches Kind. Aber seine Entwicklung läuft recht langsam. Obwohl er mir durch seine Unruhe einmal fast vom Wickeltisch gefallen wäre, dreht er sich erst im Alter von sechs Monaten das erste Mal vom Bauch auf den Rücken.

Trotzdem macht er die ersten Schritte mit einem Jahr. Schon vorher, als er anfing zu krabbeln, war nichts vor ihm sicher. Er zieht einen Blumentopf vom Hocker, reißt alle Blätter ab; ich habe sein Bett in die Küche geschoben (in seinem Zimmer war eine Hornisse, die ich entfernen wollte), er zieht an der Tischdecke – ich habe sein Bett zu nahe an den Tisch geschoben – bis das Usambaraveilchen in Reichweite ist, er reißt die Blüten ab, kaut sie durch und spuckt sie wieder aus, überall im Bett lila Flecken! Er schläft wenig. Wenn wir im Auto unterwegs sind, muß ich verhindern, daß er einschläft – zehn Minuten Schlaf im Auto und wir können den Großteil der Nacht vergessen.

Mich beunruhigt seine Umtriebigkeit, aber der Arzt meint: »Seien Sie froh, daß sie ein aufgewecktes Kind haben, wenn er trostlos in der Ecke säße, wäre Ihnen das auch nicht recht.« Mit anderthalb Jahren fällt er beinahe vom Balkon. Irgendwie ist es ihm gelungen, die Balkonbrüstung zu erklettern, obwohl er mit den Händen kaum an das Gitter heranreicht. Ich bekomme ihn im letzten Moment zu fassen. Er bemächtigt sich meiner Schlüssel und steckt sie in die Steckdose. Bei keiner Mahlzeit bleibt er im Kinderhochstuhl sitzen, kaum ist er drin, klettert er wieder heraus, holt etwas, klettert hinein und »raus« und »rein« und »raus« und »rein«. Wenn wir ihn lassen, schleppt er sein ganzes Spielzeug herbei, das beim Essen zuschauen muß. Schließlich greifen wir zum Notanker, binden seine Beine am Kinderstuhl mit einem Bademantelgürtel fest, denn er ist schnell, bevor wir es verhindern können und selbst wenn wir daneben stehen, ist er schon wieder dabei, etwas anzustellen.

Er ist zwei Jahre alt, wir machen Morgentoilette, er wird gewaschen. Ehe ich mich versehe, hat er seinen Pullover ergriffen und taucht ihn ins Waschbecken. Ich drücke ihm die Zahnbürste in die Hand – ich muß ihn beschäftigen, sonst beschäftigt er sich selber – und sage: »Du putzt jetzt deine Zähne, Mama holt schnell einen trockenen Pulli.« Ich brauche keine zwei Minuten, doch als ich zurückkomme, hat er die Waschmaschine – sie ist in Betrieb – erstiegen und seine Zahnbürste in den Waschmittelzugabebehälter gesteckt und kräftig nachgeschoben. Die Zahnbürste hängt zwischen Trommel und Gehäuse, und die Maschine gibt mörderische Geräusche von sich. Maschine ausschalten, Pullover überstreifen, Sohnemann ins Kinderzimmer vor die Legokiste setzen: »Du spielst jetzt brav«; zurück ins Bad, Wasser abpumpen, Wäsche aus der Maschine holen, Mann anrufen: »Was soll ich tun?« Er sagt, er kommt heim und schaut sich's an. Zurück ins Kinderzimmer: totales Chaos! Er hat die Legokiste ausgeleert, ebenso die mit Bauklötzen und die mit den Sandsachen, dazu die Schubfächer, in denen seine Unterwäsche und Socken sind, alles schön durchmischt am Boden. Aus den Kisten und Schubladen hat er eine Treppe gebaut, auf der er hinauf auf den Kleiderschrank klettert, um an der anderen Seite an der Kante herunterzurutschen, und »rauf« und »runter« und »rauf« und »runter«. Er strahlt, hat er das nicht fein gemacht? Ich packe ihn, setze ihn mitsamt Bilderbuch ins Bett. Er ist empört, brüllt aus Leibeskräften! Ich fange an, aus dem Tohuwabohu die Wäsche herauszuklauben. Voller Wut wirft er sein Buch aus dem Bett, es gelingt im dritten Anlauf, denn wir haben das Bett mit einem Kletterschutz versehen. Er steht im Bett – was heißt steht, er hüpft, hält sich am Kletterschutz fest und brüllt. Der Vater kommt mit Kollegen, ich zeige ihnen, was passiert ist. Die Männer fangen an, die Maschine auseinanderzunehmen und »Halt uns den Jungen vom Leib«. Im Kinderzimmer verdächtige Stille, ich gehe hinein, S. hat sein Bettzeug durch den Kletterschutz hinaus auf den Boden befördert und dank des Kletterschutzes, der die Sache noch spannender macht, klettert er aus dem Bett und springt ins Bettzeug. Er hat mitbekommen, daß der Papa da ist, da will er hin, da ist Action, nicht bei Mama. Kurzer Entschluß, wir gehen einkaufen, Zahnbürste brauchen wir sowieso. Schlüssel, Geldbeutel in den Einkaufskorb, Kind anziehen, Blick in den Korb – Schlüssel ist weg. Er hilft eifrig suchen, ohne Erfolg. Ich zum Papa: »Mein Schlüssel ist verschwunden, bitte mach mir auf, wenn wir wiederkommen.« Mantel anziehen, Stiefel – aua – wir haben den Schlüssel gefunden. Der Weg zum SB-Markt ist aufgelockert; überall muß er hinauf, keine Pfütze auslassen, überall sieht und findet er was. Im Geschäft sitzt er – widerwillig – im Einkaufswagen. Mit einer Hand Wagen festhalten, damit er nicht herausklettert, möglichst mitten im Gang bleiben, damit er nicht an die Regale heranreicht, mit der anderen die benötigten Waren holen. Am Fleischerstand bekommt er ein Wienerle, ein Augenblick Ruhe. An der Kasse wird's schwierig: Kind fest unter den Arm klemmen, damit er nicht die Regale an der Kasse ausräumt, mit der anderen die Waren aufs Band legen und bezahlen. Großes Gebrüll, untermalt von dem Kommentar der Umstehenden, »das arme Kind – die arme Mutter – typisch antiautoritäre Erziehung, ein Klaps zur rechten Zeit« usw.

Daheim ist es den Männern gelungen, die Zahnbürste in ihren wesentlichen Teilen aus der Maschine zu entfernen und letztere wieder instand zu setzen. »Mach sie mal an, ob sie funktioniert.« Wäsche zurück in die Maschine, S. hilft eifrig mit. Prima, sie läuft wieder. Vater will gehen, vermißt seine grauen Wildlederhandschuhe. Vielleicht hat er sie im Auto liegenlassen. Nach einer Stunde ist der Waschvorgang beendet, die ehemals weiße Wäsche zartgrau und auch die Wildlederhandschuhe finden sich wieder, nur passen sie jetzt nur noch dem Sohn, der sie hilfsbereit mit in die Maschine gesteckt hat.

Er ist krank, hat hohes Fieber und schläft zum ersten Mal viel; wenn er wach wird, ist er weinerlich. In meiner Angst gebe ich ihm schließlich ein Zäpfchen, das Ergebnis ist umwerfend: Innerhalb einer Viertelstunde ist er putzmunter, tobt durch die Wohnung, ist nicht zu halten. Er reißt Schubladen auf, klettert überall hinauf. Ich versuche, ihn zu beruhigen, will etwas vorlesen, nichts hilft. Nach zwei Stunden steigt das Fieber wieder an, er fällt um, ist fix und fertig. Ich frage den Kinderarzt, er meint, das käme schon mal vor, ich solle Wadenwickel machen und andere Zäpfchen nehmen. Später stellen wir fest, daß E. und K. auf verschiedene Medikamente genauso reagieren.

Im Familienkreis und bei Bekannten bleibt S.'s Verhalten

nicht unbemerkt. Die Freunde halten sich mit Ratschlägen zurück, sprechen uns aber darauf an, finden es merkwürdig. Meine Eltern sind weniger zurückhaltend, wir werden mit Anordnungen und Ratschlägen überhäuft, wenn wir sie nicht befolgen, gibt es Ärger, Schuldzuweisungen: ihr seid zu streng, ihr macht das nicht richtig, das Kind leidet unter eurer Erziehung, ist nur bei Oma und Opa glücklich. Schließlich heißt es, eigentlich dürften nur Großeltern die Enkelkinder erziehen, da sie die nötige Erfahrung haben. Ich weise darauf hin, daß mein Bruder sich als Kind schließlich auch so verhalten habe und dies teilweise heute noch tue, darauf erhalte ich zur Antwort, eben darum wüßten sie nun die Fehler und würden sie beim Enkelkind nicht wiederholen. Aber wir wollten ja nicht hören, müßten unbedingt unsere Fehler selber machen.

S. ist 2 ¼ Jahre alt als L. geboren wird. Sie ist ein ruhiges Kind, entwickelt sich normal. Mit zunehmendem Alter der beiden wird der Unterschied im Verhalten deutlicher. Wenn ihr etwas passiert, hat er zumeist die »Vorarbeit« geleistet. Zwangsläufig schimpfen wir mit ihm mehr als mit ihr. Nun lauten die Vorwürfe: Vermutlich lieben wir L. mehr als ihn. Es trifft mich sehr, denn ich habe ihn lieb, genauso wie sie. Ich bin unglücklich.

Im Alter von drei Jahren muß S. operiert werden. Als wir ihn zum ersten Mal besuchen dürfen, kennen wir unser Kind nicht wieder: er ist völlig apathisch, man hat ihn medikamentös ruhigstellen müssen, denn als er aus der Narkose erwachte, hat er so getobt, daß man ihn festbinden mußte. Die anderen Kinder im Zimmer hänseln und quälen ihn, sie merken, daß er anders ist und von Schwestern und Arzt anders behandelt wird. Wir sind entsetzt und nehmen ihn gegen den ärztlichen Rat vorzeitig aus dem Krankenhaus.

Als bei ihm knapp drei Jahre später erneut ein operativer Eingriff vorgenommen werden muß – wir nehmen ihn hinterher gleich mit heim – gebärdet er sich wie verrückt, tobt durchs Haus, reißt alles um. Wir gehen auf den Spielplatz, damit er sich abreagieren kann. Die Mütter der anderen Kinder, die wissen, daß er heute operiert worden ist, können es nicht fassen.

Sie meinen, er müsse schwach, müde sein, schlafen wollen und allenfalls wanken können. Statt dessen rast er umher, schmeißt mit Sand durch die Luft, schaukelt im Stehen wie ein Wilder. Durch einen Umzug bedingt, besucht er nur ein halbes Jahr lang den Kindergarten. Die Erzieherinnen finden ihn anstrengend. Immerhin hat er dort zwei Freunde. Die beiden werden eingeschult, unser S. ist zum Stichtag noch keine sechs Jahre alt, muß – wie dort üblich – einen Schultest absolvieren. Er besteht ihn mit Bravour, und wir lassen ihn einschulen. Nun geht es erst richtig los!

Bereits nach wenigen Tagen muß ich zur Lehrerin: er sitzt nicht still, springt dauernd auf, foppt andere Kinder, redet unaufhörlich, nichts hilft, kein Ermahnen, kein Schimpfen. Nach der Probezeit muß er die Schule verlassen. Ich rede daheim mit ihm darüber, er weint, verspricht brav zu sein, »aber bitte laß mich in die Schule gehen«. Es wird nicht viel besser, seine Schwungübungen bleiben nie zwischen den Linien, die ersten Wörter, die er lernt, schmiert er quer über das Blatt. Er weiß nicht, was er aufhat, und wir müssen bei den Klassenkameraden anrufen und nachfragen. Ständig hat er etwas vergessen oder verloren. An einem Tag kommt er mittags ohne Pullover, Anorak und Turnbeutel aus der Schule. Anorak und Turnzeug hat er in der Schule vergessen, den Pullover auf dem Heimweg ausgezogen, weil ihm warm war. Erneute Gespräche mit der Lehrerin, sein Verhalten ist nicht viel besser geworden, aber er scheint doch im Unterricht etwas mitzubekommen, erstaunlich, daß er überhaupt etwas lernt. Wir können es nicht begreifen, nachdem er doch beim Schultest so gut abgeschnitten hat. Wir suchen eine Erziehungsberatungsstelle auf. Man führt mehrere Gespräche mit uns, mit S., beobachtet ihn, führt einen Intelligenztest (Hamburg-Wechsler für Kinder) mit ihm durch; Ergebnis: weit überdurchschnittlich! Sie wissen uns auch keinen Rat, außer, daß es schädlich für die Entwicklung eines Kindes sei, wenn die Eltern unterschiedliche Standpunkte in der Erziehung einnehmen. Warum es nur S. schaden soll, L. aber nicht, darauf wissen sie auch keine Antwort, Kinder sind halt verschieden. Auf dem Heimweg sagt mein Mann: »Wenn du dich genauso verhalten würdest wie ich, hätten wir das Problem nicht, aber du bist viel zu nachsichtig und inkonsequent.« Umgekehrt das Gleiche, ich werfe ihm vor, daß er zu streng sei; wir machen uns gegenseitig Vorwürfe, es gibt wieder einmal Krach. Ich ertappe mich dabei, daß ich wütend auf S. bin, seinetwegen herrscht laufend Zwist in der Familie. Etwas später fühle ich mich dann schuldig, bin unglücklich. Was kann das Kind dafür, es tut mir leid, denn ich weiß irgendwie, daß er nicht vorsätzlich so unruhig und wild ist, er kann einfach nicht anders. Auch S. ist unglücklich, merkt, daß etwas nicht stimmt, ist ängstlich und noch hektischer. Haben wir ihn am Ende etwa doch weniger lieb als die kleine Schwester? Nein, ich weiß, daß es nicht so ist, und trotzdem, auch meine Eltern werfen uns vor, wir würden L. vorziehen, noch schlimmer, sie sagen es ihm und »beruhigen« ihn damit, daß Oma und Opa ihn viel lieber hätten als Mama und Papa.

Wir ziehen ein weiteres Mal um, und da er nach der Probezeit die Schule nicht verlassen mußte, kommt er nun hier in die zweite Klasse. Er ist einer der Kleinsten und Jüngsten. Und auch hier kurz darauf das gleiche Theater in der Schule: er vergißt alle Nase lang etwas, vergißt die Hausaufgaben; wenn eine Rangelei stattfindet, wird stets er dabei erwischt. Ich frage ihn nach dem Grund, er weiß es nicht, es passiert eben, ohne daß er es will, mitunter steht er nur dabei und schaut zu, aber schon ist er wieder mittendrin. Außerdem hänseln ihn die anderen Kinder, das sieht der Lehrer nicht. Nur wenn er zurückschlägt, das wird gesehen. Ich sage, »Dann gehe doch, wenn dich einer ärgert, gleich zur Lehrerin!« Er macht es, Ergebnis: Sie sagt, er solle nicht petzen! Ich suche die Lehrerin auf, frage, was er denn tun soll. Sie meint, das sei nicht das eigentliche Problem, er sei halt ständig dabei, wenn irgendwo gerauft würde, anderen passiere das schließlich auch nicht, wenn sie es nicht wollten. Er macht Hausaufgaben, malt für Heimat- und Sachkunde ein Bild ins Heft, ausnahmsweise einmal wirklich ordentlich und sauber. Am nächsten Tag kommt er weinend heim: Die Lehrerin hat sein mit so viel Mühe angefertigtes Bild aus dem Heft heraus- und durchgerissen und ihn vor der ganzen Klasse einen Trottel genannt – er hatte die Zeichnung ins falsche Heft gemacht.

Einmal kommt er mittags nicht heim, ich rufe die Mutter eines Klassenkameraden an und erfahre, daß Wandertag ist und die Kinder erst abends heimkommen. Er hat weder festes Schuhwerk noch Regensachen dabei, keine Brotzeit, kein Geld. Abends erzählt er, es war nicht so schlimm, naß ist er etwas geworden, und zwei Mitschüler haben ihm von ihrer Brotzeit abgegeben.

Für sein Alter ist er immer noch sehr klein, dabei kann er unglaubliche Portionen verdrücken. Die Eltern anderer Kinder, die ihn an Kindergeburtstagen essen sehen, meinen, er würde daheim nicht genug zu essen bekommen, solche Mengen vertilgt er, obwohl er so klein und zierlich aussieht. Über mehrere Jahre hinweg braucht er immer die gleiche Konfektionsgröße, neue Sachen muß ich nur kaufen, weil die alten kaputtgegangen, nicht weil sie zu klein geworden sind. Das ändert sich erst, als er 16, 17 Jahre alt ist.

Ich bin wieder schwanger, dieses Kind macht sich mit seinen Bewegungen bereits im dritten Monat bemerkbar, ist genauso lebhaft wie S. L. wird eingeschult, bei ihr läuft alles problemlos, sie ist bald Klassenbeste, die Lehrerin ist sehr angetan von ihr. S.'s Schulleistungen sind schwankend, er arbeitet zu flüchtig, ist unkonzentriert und stört den Unterricht. Daheim versucht er, Äpfel auf der elektrischen Zitruspresse auszudrücken, er knackt Nüsse, die Schalen sind überall verstreut; er ist stundenlang verschwunden, wenn man ihn fragt, so antwortet er, er war draußen. Im Laufe der Zeit arbeitet er sechs Fahrräder auf, wenn er keins mehr hat, »leiht« er sich meins, das von L. oder das meines Mannes. Meines wird gestohlen, weil er es unabgeschlossen stehen läßt. Mein Mann verbietet ihm, seines zu nehmen, er tut es trotzdem und stellt es so unordentlich und leicht beschädigt zurück, daß man ihm draufkommen muß. Mein Mann schimpft, ich sage: »Hör auf zu schimpfen, es nützt nichts, er kann nichts dafür.« Nun ist mein Mann wirklich zornig: »Sag du nicht, er kann nichts dafür, er ist kein Idiot, er ist nicht dumm, er hat gewußt, daß er es nicht durfte, also kann er was dafür!« Wiederholt Familienkrach! – S. wünscht sich zum Geburtstag und zu Weihnachten Fischer-Technik-Baukästen. Er baut planlos drauflos, die Bauanleitungen beachtet er nicht. Seine Konstruktionen sind wackelig und nicht stabil; er verliert wichtige Bauteile, Motoren und Batterien zerlegt er.

Unser drittes Kind E. wird geboren. Gegen Ende des fünften Monats hat er Versuche unternommen, das Licht der Welt zu erblicken, ich mußte 14 Tage stramm liegen, während der Schwangerschaft hat er so gestrampelt, daß mir vor Schmerzen mitunter die Luft wegblieb. Außerdem zeigte er eine deutliche Vorliebe für einen Platz auf meinem Ischiasnerv. Die Geburt ist anstrengend, zwischenzeitlich bleiben bei E. die Herztöne weg. Als er endlich zur Welt kommt, ist er blau im Gesicht. Er schreit und schreit und schreit. Und er schreit auch daheim. Mein Mann und ich wechseln uns abends ab, damit jeder mal zum Schlafen kommt. Die erste Hälfte der »Nachtschicht« übernimmt mein Mann, die zweite ich. Die Kinderärztin ist irritiert, weil er so verkrampft ist, ständig die Hände zu Fäusten ballt – zerebrale Störungen. Während ich E. noch stille, werde ich wieder schwanger. Die Buben beschäftigen mich so, daß ich nur wenig zunehme, viele Leute merken erst kurz vor der Entbindung, daß ich noch ein Kind bekomme.

Ich habe das Gefühl, L. zu vernachlässigen. Bei ihr läuft alles so glatt, daß ich meine, mich ihr zu wenig zu widmen. An den Elternabenden in der Schule, wenn der Lehrstoff besprochen wird, denke ich, mein Gott, das kann sie doch gar nicht können, du mußt dich mehr um sie kümmern. Aber im Zeugnis hat sie lauter Einser.

Im Sommer kommen die Großeltern zu Besuch, um ihr drittes Enkelkind kennenzulernen. Wir machen einen Spaziergang am See. S. will zeigen was er kann, balanciert auf der Brüstung einer kleinen Brücke, verliert das Gleichgewicht und fällt ins Wasser. Zwei Wochen später gehen wir dort wieder spazieren, er probiert es erneut und fällt prompt wieder hinein. Im November gehe ich allein mit den Kindern an einer anderen Stelle spazieren. E. sitzt im Kinderwagen, es ist schon sehr kalt. S. und L. laufen voraus, S. entdeckt ein Brett, das in den See hineinragt, springt darauf und ruft L. zu, es ihm nachzutun. In dem Moment, in dem L. auf das Brett springt, setzt dieses sich in Bewegung – die Rolle darunter haben sie nicht bemerkt – beide Kinder fallen ins Wasser.

Die Mahlzeiten verlaufen chaotisch, irgendetwas fällt immer um, eine volle Tasse, das Kännchen mit Zitronensaft, der Honigtopf, die Teekanne oder Messer, Gabel, das Brot – etwas fällt immer zu Boden. Wenn S. sich zu trinken einschenkt, geht meist etwas daneben, er möchte die Butter, greift zu und wirft dabei etwas um. Eines Morgens fällt er mir beim Frühstück in den Arm, als ich gerade die Tasse zum Mund führen will. Der heiße Tee ergießt sich über meinen Pullover und Rock. Was war der Grund: S. war ein Tropfen aufgefallen, der an der Unterseite der Tasse hing und er wollte verhindern, daß dieser mir auf den Rock fiel! E. hält es genau wie S., sobald er im Hochstuhl sitzt, klettert er wieder heraus und wieder hinein. Wir greifen zur radikalen Notlösung und binden auch seine Beine mit einem Bademantelgürtel am Stuhl fest – Rabeneltern!

K. wird geboren, sie ist wie L. ein ruhiges Kind und ich atme auf. Schlaf braucht auch sie nicht viel, aber sie schreit zumindest nicht. Dennoch fällt uns auf, daß sie in manchem mehr ihren Brüdern nachschlägt als L. Seit E. krabbeln kann, wäscht sich die Kinderärztin nach unseren Besuchen die Hände mit kochendem Wasser: E. stellt jedes Mal den Boiler unter dem Waschbecken in der Praxis auf »Kochen«. Ständig ist er mir zwischen den Füßen, brüllt, wenn man ihn in den Laufstall setzt. Kaum daß er stehen kann, hält er sich am Rand des Ställchens fest und trampelt mit unglaublicher Geschwindigkeit mit beiden Beinen auf den Boden vor Wut. »Das kann kaum ein Kind«, meint die Ärztin. Beim Einkaufen muß ich ihn in den Wagen setzen, aus dem Kindersitz klettert er heraus, und ihn dort mit den eingekauften Waren zudecken. Bis wir an der Kasse sind, hat er die Hälfte ausgepackt.

S. hat weiterhin Schwierigkeiten in der Schule. Wir lassen ihn zunächst die fünfte Klasse auf der Hauptschule machen, geben ihn dann in die fünfte Klasse am Gymnasium. Altersmäßig entspricht er dem Klassendurchschnitt, da er ja früher eingeschult wurde. Anfangs kommt er recht gut mit, seine Lebhaftigkeit bereitet allerdings Schwierigkeiten, zumal seine Klasse mit 30 Schülern sehr groß ist.

E. muß operiert werden, ambulant. Wir sind bei ihm im Krankenhaus im Aufwachraum. Er ist noch nicht aus der Narkose erwacht, da wird er bereits unruhig, scheint auch starke Schmerzen zu haben. Wir holen den Arzt, er gibt E. noch einmal eine Spritze und meint, er brauche aber wirklich extrem viel, mit dem Anästhetikum sei er bereits an die Grenze des Vertretbaren gegangen, bis E. endlich ruhig wurde. Zu Hause erleben wir dann das gleiche Verhalten wie schon bei S. nach der Operation: Er stellt uns die Wohnung auf den Kopf, tobt über Tische und Stühle, reißt die Schubladen heraus. Er ist allerdings zusätzlich aggressiver als S., schlägt seine Geschwister, vor allem K., bekommt sinnlose Wutanfälle.

S. war krank, nun auf dem Wege der Besserung. Um ihn zu beschäftigen, kaufe ich einen Bausatz von einem Modellflugzeug. Er baut eine Weile daran, dann möchte er fernsehen. Im allgemeinen wird das Fernsehen bei uns begrenzt, diesmal mache ich eine Ausnahme, bitte ihn aber, zuvor alles wegzuräumen – ja, macht er, geht kurz darauf ins Wohnzimmer. Plötzlich wildes Geschrei aus S.'s Zimmer, E. kommt mir schreiend entgegengelaufen, ich nehme ihn auf den Arm: Aus dem Mund strömt intensiver Chemiegeruch. S. hat den Spezialkleber fürs Modellflugzeug nicht weggeräumt, sondern offen auf dem Tisch liegenlassen. E. hat die Tube mit der Öffnung voran in den Mund gesteckt und daraufgebissen. Ich rufe die Giftnotzentrale an. Als Sofortmaßnahme soll ich 20 Kohletabletten in Wasser auflösen und dem Kind einflößen. Sie rufen zurück, wenn sie mehr über die Wirkungsweise in Erfahrung gebracht haben. S. und L. müssen den schreienden E. auf der Wickelauflage festhalten – freiwillig nimmt er die Kohlelösung nicht –, während ich versuche, sie ihm einzugeben. Wir haben die Kohle überall, auf der Wickelauflage, an den Kacheln, auf unserer Kleidung, auf E. – nur nicht in E. Wir geben es auf. Anruf von der Giftzentrale: sofort zum Kinderarzt, der soll sich mit ihnen in Verbindung setzen. Ich fahre mit E. zum Arzt – jetzt ist er wieder vergnügt – während die Großen daheim bei K. bleiben, sie ist erst ein halbes Jahr alt. Beim Kinderarzt warten wir auf den Bescheid der Giftnotzentrale. Es dauert einige Zeit, dann das Rezept und die Anweisung, in der Nacht alle halbe Stunde nachzuschauen, ob E. noch atme: Der Kleber wirkt narkotisch. Erst in die Apotheke, dann nach Hause, hier ist Highlife: K. ist wach geworden, naß, hungrig und weint. S. hat wieder etwas Fieber, L. weiß nicht, ob sie K. füttern soll, S. hat inzwischen die 800 km entfernt wohnenden Großeltern angerufen, denn der Papa ist dienstlich unterwegs. Ich komme gerade zur Tür herein, als meine Eltern zurückrufen: Was für eine neue Katastrophe ist bei euch schon wieder passiert?

S. wandelt im Schlaf, er hängt im Wohnzimmer die Bilder von den Wänden, findet am nächsten Tag den Schulpack nicht mehr. Er geht mitten in der Nacht hinaus, wacht draußen auf dem Parkplatz auf und kann nicht ins Haus. Zum Glück hört L. sein Läuten. Eine halbe Stunde später bekommen wir ein fürchterliches Gewitter, ich schaue nach, ob alle Fenster geschlossen sind, finde S. wach im Bett, der mir erzählt, daß er draußen war. Ich hätte Todesangst bekommen, hätte ich sein Bett leer gefunden.

E. ist drei Jahre alt, S. hatte das Fenster weit geöffnet und das Zimmer verlassen. E. klettert auf die Fensterbank, steht im offenen Fenster. Wir wohnen im zweiten Stock.

E. spielt mit zwei älteren Nachbarsbuben, beide etwa fünf Jahre alt; erst sind sie vor dem Haus im Sandkasten (S. und E. spielten im Sandkasten zumeist nicht wie »normale« Kinder. Sand war da, um in die Luft geworfen zu werden, Kuchenbakken war auch nicht, lieber mit Sandspielsachen durch die Kiste fetzen: Wenn dabei die gebackenen Kuchen der anderen zerstört wurden, bemerkten sie das gar nicht, waren nur erstaunt und konnten nicht begreifen, daß sie geschimpft wurden und keiner mit ihnen spielen wollte, es machte doch so viel Spaß!), dann sehe ich sie nicht mehr. Ich warte eine Weile, gehe nachschauen, weil ich unruhig werde: E. kommt weinend angelaufen, die beiden anderen ängstlich dahinter, ein paar größere

Buben haben sie festgehalten und auf jedem Ärmchen eine Zigarette ausgedrückt. Ich nehme ihn mit heim, tröste ihn, aber nach ein paar Minuten will er schon wieder hinaus zum Spielen.

Unsere Buben konnten, als sie klein waren, kaum normal gehen, auch nicht laufen. Sie mußten stets rennen, springen, hüpfen. Sie blieben auch nicht einfach stehen oder wurden langsamer, sie warfen sich hin, meist auf die Knie, wenn sie anhalten wollten.

K. ist anderthalb Jahre alt. Es ist ein schöner Sommerabend, sie hat mit den Kindern draußen gespielt, nun soll sie gewaschen werden, essen und ins Bett. Sie will nicht, läuft davon, dreht sich nach mir um und fällt ein paar Stufen einer Steintreppe vor dem Haus hinunter – Schlüsselbein angebrochen. Ein Jahr später rutscht sie im Schwimmbad bäuchlings auf der Rutsche; der Belag der Rutsche war unten bereits abgeblättert, ein Stück davon schiebt sich ihr zwischen Nagel und Zeh ins Nagelbett. Im Krankenhaus müssen wie sie zu dritt festhalten, damit der Arzt den Nagel ziehen und das Stück Belag entfernen kann. Wir sind im Märchenpark; die große Rutsche hat es ihnen angetan. Vorsichtshalber lasse ich E. nur mit S. und K. nur mit L. zusammen rutschen. Unten angekommen, entwischt K. und ist in Windeseile die Rutsche hochgeklettert, rutscht – weil sie so klein ist, wird sie oben in der Kurve fast hinausgeschleudert, die Leute um uns herum schreien auf. Wir fahren mit dem Rad, K. sitzt vor mir im Kindersitz. Aus unerfindlichen Gründen zieht sie den rechten Fuß aus der Halterung, gerät mit ihm zwischen Vorderrad und Gabel, wir stürzen. Ich brauche ewig, bis ich den Fuß wieder herausgezogen habe, der eingeklemmt ist.

E. und K. müssen operiert werden, ich gehe mit ihnen ins Krankenhaus. K. wird zuerst operiert, erwacht aus der Narkose, schreit, schlägt um sich. Sie muß im Bett festgebunden werden, damit sie sich nicht die Schläuche aus dem Arm reißt. E. braucht wieder eine hohe Dosierung des Narkosemittels, schläft danach stundenlang, so daß die Schwestern und der Arzt bereits beunruhigt sind. Später heißt es, so unruhige Kinder hätte man hier noch nie gehabt, das kommt davon, wenn die Mutter bei ihnen bleibt.

Wasch- und Putzmittel habe ich vorsichtshalber im Flur im Hängeschrank deponiert. E. kommt trotzdem heran, nimmt einen herzhaften Schluck aus der Waschmittelpackung. Ein andermal gießt er den Inhalt einer Flasche Allzweckreiniger im Bad aus. Ich brauche Stunden, um das Zeug zu entfernen, vom penetranten Geruch wird mir übel (das Bad ist fensterlos).

E. kommt in den Kindergarten. Die Erzieherin stellt fest, daß er feinmotorische Schwierigkeiten hat, außerdem sei er sehr unruhig, bleibe nicht bei einer Sache. Es ist verboten, die Rutsche vom Sandkasten aus hinaufzusteigen, er tut es trotzdem, prallt mit einem Kind, das ordnungsgemäß rutscht, zusammen, ihm fehlt nichts, das andere Kind hat eine Gehirnerschütterung und blutet aus Mund und Nase.

S.'s Schwierigkeiten in der Schule – er ist jetzt in der siebten Klasse – werden immer größer. Er ist auch hier der Klassenkasper. Unter seinen Arbeiten steht: Lies den Text sorgfältiger durch, du hast die Frage nicht beantwortet, arbeite ordentlicher. Die Noten gehen in den Keller. Er steigt zusammen mit einem Freund bei uns in die Kanalisation, um ein paar Kilometer weiter am Fluß wieder ans Tageslicht zu kommen. Sein Zimmer ist chaotisch; da wir nur eine Vierzimmerwohnung haben, müssen sich die Großen und die Kleinen je ein Zimmer teilen. L. beklagt sich, daß S. so unruhig schläft, das Licht nicht ausmacht, wenn sie abends schlafen möchte, im Bett noch ißt. Wir legen die Mädchen in einem, die Buben in einem anderen Zimmer zusammen.

Mit S. gehe ich zur Erziehungsberatung, wir sind mit den Nerven und der Weisheit am Ende. Ergebnis: Die Eltern lehnen ihn ab, ziehen die Tochter und die kleinen Geschwister vor. Nach Gesprächen mit der Lehrerin nehmen wir S. im Halbjahr der achten Klasse zurück. Man empfiehlt uns, einen Neurologen aufzusuchen. Ich folge dem Rat, gehe zum Neurologen, möchte ein EEG machen lassen. Nach den ersten Sätzen, die ich sage, ruft er, »Ach, ein hyperkinetisches Kind!« Er macht kein EEG, sondern empfiehlt, S. in ein spezielles Internat zu geben, in dem diese Kinder unterrichtet und behandelt werden, da wir vier Kinder hätten, bekämen wir dafür finanzielle Unterstützung vom Staat. Ich erwidere, daß ich S. nicht ins Internat geben möchte, da er sich dann sicherlich endgültig abgeschoben und ungeliebt fühlen würde und bekomme darauf zur Antwort, wenn ich nicht bereit sei, seinen Anordnungen zu folgen, könne er uns nicht helfen. Ich gehe erneut zur Erziehungsberatung, nenne den Begriff, den der Neurologe erwähnt hat – sie winken ab, das seien Kinder, mit denen unnötig herumexperimentiert würde. Wir suchen einen Internisten auf, da S. Essig trinkt und nur Saures und Scharfes liebt. Er findet nichts, alles sei in Ordnung, er verschreibt vorsichtshalber etwas,»damit die Mutter beruhigt ist«.

E. soll in die Schule kommen, muß im Kindergarten die Vorschuluntersuchung über sich ergehen lassen. Er geht in das Zimmer, wuselt herum, fragt, was er tun soll, redet unaufhörlich. Kommentar des Arztes:»Da haben wir ja ein typisches Fernsehkind.« In der Schule bekommt er dieselbe Lehrerin, die S. schon in der zweiten Klasse hatte. Bei meinem ersten Gespräch mit ihr sagt sie:»Äußerlich sehen sich Ihre Buben nicht ähnlich, aber im Verhalten ist der eine wie der andere.« Eine andere Lehrerin sagt mir mal so im Vorbeigehen:»Als ich nur Ihren S. kannte und Ihre L. noch nicht, da habe ich mich gefragt, was daheim bei Ihnen wohl für Zustände herrschen müssen.« Unter E.'s Arbeit steht jedes Mal: Laß dir mehr Zeit, arbeite sorgfältiger. Wenn er Hausaufgaben machen soll, wirft er regelmäßig erst einmal seinen Schulpack quer durchs Zimmer und wütet über die Schule. Er hat immer irgendetwas vergessen, muß noch einmal in die Schule zurück, um es zu holen. Die Zugehfrauen fragen ihn, ob er Stroh im Kopf habe. Mitunter weigert er sich zu gehen, macht lieber keine Hausaufgaben. Einmal sitzt er davor, schreibt. Ich gehe an ihm vorbei, werfe einen Blick darauf und sage so nebenbei:»Kannst du vielleicht ein bißchen schöner schreiben?« Hätte ich mir doch nur die Zunge abgebissen! Er schiebt plötzlich den ganzen Stoß von sich weg, legt die Arme auf den Tisch und den Kopf auf die Arme und fängt bitterlich an zu weinen. Erschrocken frage ich nach dem Grund, dann kommt schluchzend heraus:»Ich müh' mich so, und nie bekomme ich ein Sternchen, und den anderen

fällt es so leicht, so leicht und immer kriegen die die Sternchen.« Wir weinen beide.

K. ist im Kindergarten, es fällt ihr nicht leicht, sich einzule-
ben. Auch zu Hause spielt sie am liebsten abgesondert. Mir
kommt vor, als lebe sie nicht nur in einer anderen Welt, sondern auch in ihrer eigenen Zeit. Sagt man ihr, sie solle anfangen
aufzuräumen, das Spiel beenden, weil in zehn Minuten gegessen, weggefahren, eingekauft wird, und kommt nach zehn Minuten zurück, sitzt sie selbstvergessen mitten in ihrem Spiel,
reagiert nun verstört und ängstlich, begreift nicht, was man von
ihr will, hat auch offenbar total vergessen, daß sie von uns
schon aufgefordert wurde, ihr Spiel abzubrechen.

Im Kindergarten ist sie im allgemeinen still und folgsam,
gerne geht sie nicht hin. Eines Tages weigert sie sich, überhaupt
hinzugehen, mit der Begründung, sie würde dort geschimpft.
Auf meine Frage nach dem Grund antwortet sie, das wisse sie
nicht. Ich frage die Erzieherin und nach einigem Überlegen
fällt ihr ein: K. hatte auf einem Heizkörper gesessen, einer
Elektro-Speicher-Heizung, und die Erzieherin hatte sie aufgefordert, herunterzukommen. Das tat sie zwar, saß aber Minuten später wieder darauf. Folglich mußte sie sich an den Tisch
zur Erzieherin setzen. Ich versuche, K. den Grund zu erklären,
sie schaut hilflos, reagiert mit Angst und Unruhe, begreift auch
die Gründe für das Verbot nicht. Schließlich sagt sie, sie gehe
nicht irgendwo hin, wo sie etwas tun soll, was sie nicht versteht.
Wir sprechen später im Familienkreis darüber und L. sagt, sie
könne sich auch daran erinnern, daß das verboten gewesen sei.
Ich frage, ob sie es dennoch gemacht habe und sie antwortet:
»Natürlich nicht, es war ja nicht erlaubt, obwohl ich nicht be-
greife, warum es eigentlich verboten war.« Mir fällt auf, daß L.
als normgesteuertes Kind in der Lage ist, auch unverständliche
Regeln zu befolgen. S., E. und K. können das nicht.

Mit fünf Jahren stürzt K. mit dem Fahrrad, als sie einen ab-
schüssigen Weg hinunterfährt. Sie zieht sich eine Kopfplatz-
wunde zu, die genäht werden muß. Ich behalte sie daheim, solange die Fäden noch nicht gezogen sind. Vier Tage nach dem
Unfall bitte ich sie, schon mal ihre Schuhe anzuziehen, wir wol-

len einkaufen gehen. Ich hole noch etwas aus dem Schlafzimmer, plötzlich ein Schrei und ein fürchterliches Krachen. Ich stürze in den Flur, da liegt K. unter dem Schuhschrank (der Schrank hat Türstockhöhe, ist aus massivem Holz und wiegt knapp zwei Zentner). Ich wuchte den Schrank vom Kind, sie ist Gottseidank bei Bewußtsein, hat aber eine große Platzwunde auf der Stirn, durch die man den Stirnknochen sieht. Ich verständige den Notarzt, meinen Mann, warte auf den Krankenwagen. Es stellt sich heraus, daß sie zum Glück nur eine Gehirnerschütterung sowie Prellungen an Stirn und Hinterkopf hat. Die Wunde wird mit zehn Stichen genäht. Am nächsten Tag noch einmal Aufregung; durch die Prellung ist die Stirn so angeschwollen, daß sie die Augen nicht mehr öffnen kann. Sie hatte Angst, blind geworden zu sein.

Platzwunden sind bei den dreien, ebenso wie Brüche oder Prellungen, an der Tagesordnung. Als ich wieder einmal mit einem der Kinder in die Praxis komme, sagt eine Frau, die dort mitarbeitet, spontan: »Oh, nein, nicht schon wieder!«

S. bekommt einen Verweis in der Schule: Bei der Besprechung der Schulaufgabe hat er plötzlich in seinen Schulpack gegriffen, Konfetti herausgeholt, in die Luft geworfen und »Helau« gerufen. Es war der 11. 11., S. ist in der neunten Klasse. Er nervt seine Lehrer nach wie vor, man empfiehlt uns, ihn auf die Realschule zu schicken. Das wollen weder S. noch mein Mann. Auch E. hat Schwierigkeiten, nicht nur im Verhalten, nicht nur bei der formalen Ausführung – er verdreht die Zahlen, vergißt ganze Päckchen zu rechnen, beim Lesen schaut er nicht genau hin, errät mehr als er liest. Schwer fällt ihm vor allem die Rechtschreibung, er verdoppelt die Anfangsvokale (Iinsel, Eerde), vergißt ganze Silben (Landücke statt Landungsbrücke), das Wort »Lehrer« habe ich noch nie in so vielen Variationen gesehen (Lerer, Leher, Lherer, Lher). Wir üben – Tränen, Wutausbrüche. Ich gehe mit ihm zur Beratungsstelle, um testen zu lassen, ob er Legastheniker ist. Der Test dauert eine Dreiviertelstunde. Ergebnis: er ist kein Legastheniker, die häuslichen Verhältnisse sind schuld, er wird zu sehr kontrolliert, hat zu wenig Freiraum! Ach ja! Einen Sonntag im Winter ist er – wieder einmal – kurz nach dem Frühstück um 9 Uhr verschwunden. Er kommt – wieder einmal – nicht zum Mittagessen heim. Ab 14 Uhr telefoniere ich – wieder einmal – im ganzen Bekanntenkreis herum: Ist E. bei Euch? Keiner hat ihn gesehen. Wir machen uns auf die Suche. Es fängt an zu dämmern, es hat den ganzen Tag geschneit. Zwischen 16.30 und 17 Uhr finden wir ihn auf einem Schlittenhang (er ist auf Plastiktüten und Autoreifen gerutscht, der Schlitten ist daheim), naß bis auf die Haut, Mütze schief auf dem Kopf, nein, ihm ist nicht kalt, Hunger hatte er bis jetzt auch keinen (und keinen Freiraum?!). Im November sitzt er, nur mit Shorts und T-Shirt bekleidet, barfuß auf den Stufen vor dem Haus. Alles läuft mit Winterkleidung herum, aber ihm ist nicht kalt.

E. hat eine Platzwunde am Kinn, die genäht werden mußte. Als die Fäden gezogen werden sollten, bitte ich S., mit ihm zum Arzt zu gehen, weil K. krank ist und ich sie nicht allein lassen möchte. Sie kommen ewig nicht wieder, ich ärgere mich, daß man die Buben so lange warten läßt. Endlich kommen sie heim, E. am Kinn dick verpflastert: S. hatte ihn, damit es schneller geht, auf die Lenkstange seines Fahrrades gesetzt. Auf dem Rückweg war er eine Abkürzung gefahren, die seine Fahrkünste überforderte. Sie stürzten beide und E.'s frisch verheiltes Kinn war erneut aufgeplatzt; sie mußten umkehren und es noch einmal nähen lassen.

E. und K. waren sechs bzw. sieben Jahre alt geworden, beide hatten zum Geburtstag Fahrräder bekommen. S. erbot sich, mit ihnen ein bißchen zu üben. Es war Mitte März und mittags um 14 Uhr einigermaßen warm. So waren sie nicht allzu dick angezogen. Sie fuhren los und kamen nicht wieder. Es wurde 16.30, 17 Uhr, allmählich bekam ich Angst. Die Sonne war schon weg, es war kalt. Mein Mann machte sich mit dem Auto auf die Suche. Kurz vor 18 Uhr kamen sie dann an. Es war ganz toll gewesen, und gefroren hatten sie überhaupt nicht.

Bei einem Vortrag des Kinderschutzbundes höre ich von der referierenden Ärztin zum ersten Mal etwas von Phosphatempfindlichkeit und dem Verhalten dieser Kinder. Ich gehe mit beiden Buben zu dieser Ärztin, und wir beginnen mit der Umstellung der Ernährung. S. hat die zehnte Klasse nicht geschafft, er wiederholt, aber die Noten sind unverändert. E. hat den Notenschnitt für den Übertritt ans Gymnasium; aber nach S.'s Leidensweg und E.'s Schwierigkeiten mit der Orthographie entschließen wir uns, E. über die Hauptschule zur Realschule zu schicken. Wir leben alle mit der Ernährungsumstellung, zunächst ohne Erfolg. Nach einem Vierteljahr tritt bei E. eine Besserung ein, er wird etwas ruhiger, die Schrift wird besser, er liest sogar über einen längeren Zeitraum hinweg ein Buch. Etwa ein halbes Jahr nach der Einführung der phosphatarmen Ernährung zeigen sich auch bei S. erste Erfolge, die Schulleistungen werden sehr viel besser. Ein Lehrer sagt zu ihm: »Sind Sie ein fauler Hund gewesen!« Unsere Nahrungspalette ist inzwischen extrem eingeschränkt, wir müssen zusätzlich Vitamine, Kalzium usw. einnehmen. Einige Verhaltensauffälligkeiten bleiben dennoch unverändert: Impulsivität, Verständnis- und Wahrnehmungsschwierigkeiten bleiben bestehen, aber außer in Streßsituationen sind sie deutlich ruhiger geworden. Aber es wächst der Protest gegen die einseitige Ernährung und obwohl sie selber Erfolge registrieren, wollen sie nicht ständig verzichten. Ich erweitere das Angebot, es geht zunächst gut, aber im Laufe der Zeit kommen die alten Verhaltensweisen wieder. Ich streiche den Speiseplan wieder zusammen, aber uns allen fehlt letztlich die Bereitschaft, auf Dauer durchzuhalten. Immerhin, S. schafft die zehnte, die elfte Klasse und macht sein Abitur.

E. kommt in die fünfte Klasse, er bekommt einen strengen Lehrer, der ihm sein Störverhalten austreiben will. Es hagelt Strafarbeiten und Mitteilungen. Zu Spitzenzeiten bringt E. es auf drei Strafarbeiten und einen Verweis pro Tag! Alle Interventionen meinerseits bringen nichts. E. reagiert mit Wutanfällen daheim, Haßtiraden gegen den Lehrer. Zeitweilig erledigen L. und ich die Hausaufgaben für ihn. Meist verschwindet er sogleich nach dem Mittagessen, ehe ich ihn hindern kann, kommt erst abends heim. Jedenfalls steht für uns fest, daß K., obwohl sie sich in der Schule schwerer tut als L., aufs Gymnasium gehen wird. K. hat vor allem Probleme mit Mathematik, bisweilen auch in Heimat- und Sachkunde, je nachdem, welcher Stoff behandelt wird. Die Lehrerin wundert sich über die Diskrepanz in ihren Leistungen, über ihre zeitweilige »Begriffsstutzigkeit« und Blockiertheit. Aber sie ist eine brave, unauffällige, stille Schülerin, zeigt allerdings eine unverhältnismäßig starke Ängstlichkeit bei jeder Änderung der Situation. Und dann ihre plötzliche Impulsivität: Die Klasse soll die Zahlen von 1 bis 10 vorwärts und rückwärts laut aufsagen, als sie wieder bei 1 angekommen sind, ruft K. heraus: Feuer!

Auch in der Realschule ändert sich E.'s Verhalten nicht. Beim ersten Elternsprechtag beklagen sich die Lehrer: er ist sehr unruhig, von den Hausaufgaben fehlt die Hälfte (wenn ich ihn frage, hat er nie etwas auf), er stört den Unterricht, ruft dazwischen, ißt während des Unterrichts sein Pausenbrot (er hat jetzt Hunger), stellt Fragen zu einem Stoff, der schon längst abgehandelt ist. Es gibt Mitteilungen und Verweise. In der neunten Klasse nehmen wir ihn im Halbjahr zurück in die achte Klasse, da die Noten im Keller sind, auch in seinen Lieblingsfächern Mathematik und Physik. Im Physiksaal hängen einige Stromkabel lose aus der Wand. Er geht hin und verknüpft sie miteinander, es gibt einen Riesen-Stromausfall, den Konrektor trifft fast der Schlag.

K. geht nach der vierten Klasse aufs Gymnasium, hat dort weniger Schwierigkeiten als befürchtet. Zu Beginn der siebten Klasse kommt bei ihr ein seelischer Einbruch, ohne erkennbaren äußeren Grund. Sie wird depressiv, spricht in der Schule kaum noch, die Noten sinken rapide. Wir gehen zum Arzt, es ergibt sich kein klärender Befund. Sie bekommt Vitaminpräparate, Jod, Eisen, Kalzium. Sie ißt fortan kein Fleisch mehr, weil ihr die Tiere leid tun. Nach einigen Wochen steigt das Stimmungsbarometer wieder, warum, weiß sie auch nicht. Sie kleidet sich zwar noch immer in helles, freundliches Schwarz, aber das gibt sich im Laufe der Zeit. Fleisch ißt sie bis heute nicht. Wir unterhalten uns sehr viel über Fragen der Ethik, über Natur- und Umweltschutz, sind von ihrer Einstellung beeindruckt, L. und ich verzichten von nun an ebenfalls auf Fleisch, Wurst und dergleichen. Obwohl K. in der Schule relativ gut mitkommt, schwanken ihre Leistungen, vor allem in ihren Angstfächern. Auch so hat sie Schwierigkeiten zurechtzukommen. Bitte ich sie, etwas einzukaufen, muß ich genau beschreiben, in welchem Regal und wo der gewünschte Artikel zu finden ist. Ist die Anforderung größer (bitte kaufe mir eine Packung Spaghetti ohne Ei und stecke den Brief hier auf dem Weg in den Postkasten, nimm vorsichtshalber den Schirm mit, es regnet gleich), reagiert sie konsterniert und hilflos: Was soll ich denn jetzt? Ihr Zimmer ist chaotisch, sie findet nichts wieder, gerät – wenn es sich z. B. um Schulsachen handelt – in Panik und schläft vor Angst die halbe Nacht nicht.

E.'s Leistungen sind auch nach dem Wiederholen nicht viel besser geworden, sein Verhalten im schulischen Kontext läßt zu wünschen übrig, er reagiert aggressiv, wenn er sich ungerecht behandelt fühlt. In der neunten Klasse erhält er einen Verweis von einer Lehrerin, die so gut wie nie Verweise erteilt: er stört den Unterricht in provokanter Weise; weder gütliches Zureden noch ernste Ermahnungen vermochten es, sein Verhalten zu ändern. Im Zwischenzeugnis bringt er drei Fünfer heim.

Ein Jahr zuvor haben wir vom Kinderschutzbund einen Gesprächskreis für Eltern mit hyperaktiven Kindern eingerichtet. Eine Mutter dieser Gruppe hat ihr Kind mit Ritalin behandeln lassen. Sie berichtet von ihren Erfahrungen damit. Wir beschließen, es bei E. ebenfalls damit zu versuchen. Wir suchen einen Kinderarzt auf, berichten von unseren Problemen. Er untersucht E., unterhält sich mit ihm; als er von den drei Fünfern erfährt, stimmt er zu und verordnet Ritalin.

Zuvor, ein halbes Jahr nach Bestehen des Gesprächskreises, haben bei unserem ersten Treffen 14 Tage nach den Sommerferien alle Eltern schulpflichtiger Kinder in unserer Gruppe einen Verweis von den Schulen erhalten! Die Gruppe wächst zusammen, tauscht Erfahrungen aus, wir sind froh zu hören, daß anderen Ähnliches widerfahren ist, wir nicht allein sind.

Seit E. mit Ritalin behandelt wird, ist sein Verhalten wie umgewandelt, es gibt keine Verweise mehr, er schafft das Schuljahr. Pro Tag bekommt er 30 mg, allerdings nur in der Schul-

zeit, auch nicht an den Wochenenden. Wenn am nächsten Tag
Sport, Musik usw. ist, reduzieren wir auf 20 mg, da er dann
kaum Hausaufgaben aufhat.

K. hat Angst vor einer Physikschulaufgabe. Nach allem, was
ich durch die Arbeit im Gesprächskreis erfahren habe, bin ich
mir sicher, daß sie das gleiche Handicap hat, wie ihre Brüder,
nur eben hypo... Da sie die Schulaufgabe nach der Pause
schreibt, riskiere ich ein Experiment: Ich gebe ihr heimlich Ritalin aufs Pausenbrot. Sie kommt aus der Schule heim, ist auf-
gebracht und »sauer«! Ich denke, oh Gott, was habe ich getan,
frage, warum sie so ungehalten ist. Antwort: es ging ihr noch
nie so gut bei einer Schulaufgabe, sie war plötzlich ganz ruhig,
keine innere Hektik und Angst. Normalerweise sieht sie in den
ersten Minuten auf dem Angabenblatt nur Zahlen und Wörter,
alles ohne Sinn. Diesmal konnte sie alles sofort erfassen, stellte
fest, daß die Schulaufgabe leicht war; ihr fielen Regeln ein, von
denen sie gar nicht mehr wußte, daß sie sie gelernt hatte. Sonst
schaffte sie es kaum, in der regulären Zeit fertig zu werden,
diesmal brauchte sie nur eine halbe Stunde. Das konnte sie sich
nicht erklären, meinte deshalb, sich verrechnet zu haben und
nahm sich die erste Aufgabe, die so sehr leicht war, noch einmal vor, machte gedankliche Purzelbäume und kam so zu
einem anderen Ergebnis. Das erste wäre richtig gewesen und
da alle anderen Aufgaben ebenfalls richtig waren, hätte sie sich
nun eine Eins verpatzt.

Noch nie habe sie eine Eins in Physik gehabt. Sie könne sich
ja so ärgern. – Ich lasse es dennoch bei dieser einen bewenden,
denn ich müßte sie jedes Mal bei E. abzweigen, der sie aber
nötiger braucht. Außerdem möchte ich dem Arzt keine
Schwierigkeiten bereiten.

K. ist das Kind mit den meisten Unfällen, mehrfach mußte
sie am Kinn genäht werden, Platzwunde am Knie, Bänderdeh-
nungen und Prellungen zieht sie sich zu. Mit dem Fahrrad fährt
sie auf einen parkenden LKW auf – Platzwunde am Kopf. In
der Schule bekommt sie die erste Mitteilung und ist empört:
Darf man nicht mal ein Papier in den Papierkorb werfen? Was
war los? Der Lehrer hatte um Aufmerksamkeit für eine wich-

tige Erklärung gebeten; im gleichen Augenblick fiel ihr ein Fetzen Papier am Boden auf, sie hat ihn aufgehoben und in den Papierkorb geworfen, der Lehrer fühlte sich provoziert.

Wir haben an einem Freitag Silberhochzeit, möchten sie mit unseren Kindern und dem Freund von L. in einem Hotel in der Schweiz feiern. Wir müssen mit zwei Autos fahren, haben aber nur eines. S., inzwischen 24 Jahre alt, hat die Möglichkeit, über seine Firma ein Mietauto zu einem günstigen Tarif zu bekommen. Da er zu dieser Zeit zur Schulung in F. ist, bitten wir ihn, dort am Freitag in der Früh das Auto zu mieten, L. und Freund, die in F. studieren, abzuholen und zu uns zum Sektfrühstück heimzukommen. Um 13 Uhr wollen wir dann in die Schweiz fahren. Am Wochenende zuvor ist S. daheim bei uns, muß am Sonntagabend nach F., ein Freund nimmt ihn im Auto mit. Er trifft sich zwar noch mit seiner Clique, kommt wieder einmal auf die letzte Minute, schnell die Sachen zusammenpacken, der Freund wartet schon. Ich frage noch: »Hast du Führerschein und Personalausweis dabei?« – »Mama, nerv nicht!«

Silberhochzeitstag, Freitag früh um kurz vor 7 Uhr klingelt das Telefon: »Könnt Ihr mal schauen, ob mein Führerschein im Zimmer liegt? Ich rufe in zehn Minuten nochmal an.« Wir sind gerade erst aufgestanden, E. und K. schlafen noch, wir wecken sie, große Hektik, alles sucht den Führerschein, aber wir finden ihn nicht. Was nun? Wir überlegen uns eine andere Lösung. S. ruft an: »Habt Ihr ihn?« Bevor ich ihm noch unseren Vorschlag unterbreiten kann, sagt er: »Ich bin tierisch im Streß!«, und hängt ein. Wir warten erst einmal ab, frühstücken. Ich rufe bei L. an, frage vorsichtig, ob S. sie angerufen habe, ja, er käme gegen 11 Uhr. Um 9.30 Uhr steht S. bei mir auf der Matte, bereits schick in Schale für die Feier. Er ist mit der Bahn von F. nach S. gefahren, ist mit dem Taxi hergekommen, geht nun in sein Zimmer, der Führerschein liegt unter einem seiner vielen Pokale. Er fährt mit dem Taxi zurück nach S., mietet dort ein Auto, fährt damit nach F., holt Schwester und Freund ab, um 12.30 Uhr sind alle bei uns. Trotz allem, obwohl ihm sein Handicap bleiben wird, man sieht, er schafft es doch! Es kostet zwar Zeit, Geld und Nerven, aber im Endeffekt bekommen sie ihr

Leben doch in den Griff. E. hat seine Realschulprüfung gemacht und geht im Herbst zur Fachoberschule. K. hat die zehnte Klasse geschafft, S. Freude und Erfolge in seinem Beruf.

Das Frühstück und Mittagessen am Sonntag ist immer noch chaotisch. Bis auf diese zwei Mahlzeiten habe ich die gemeinsamen abgeschafft; mein Mann kann sein Essen in Ruhe einnehmen, ohne Magengeschwüre zu bekommen. Die Kinder müssen sich nicht unter Druck setzen, damit ja nichts passiert – gerade dann geht es meist daneben. Wir haben gelernt, damit zu leben, können uns akzeptieren und annehmen, wie wir sind. Und wenn ich es genau betrachte, wiegen die guten Eigenschaften der Kinder alles auf: Sie sind aufrichtig, heiter, hilfsbereit, gutmütig, aufgeweckt und, wenn es darauf ankommt, zäh und fleißig. Ich möchte sie alle vier um nichts in der Welt missen.

13 Wo finden Betroffene Hilfe?

Folgende Kliniken (geordnet nach Postleitzahl) sind mit den Problemen des hyperkinetischen Syndroms besonders vertraut:

10117 Berlin
Klinik für Psychiatrie und Neurologie des Kindes- und Jugendalters, Zentrum Nervenheilkunde
Medizinische Fakultät (Charité) der Humboldt-Universität zu Berlin
Schumannstraße 20/21
Tel.: (030) 2863326
Tel. für Anmeldung: (030) 2862046
Telefax: (030) 2861388

14050 Berlin
Abteilung für Psychiatrie und Neurologie des Kindes- und Jugendalters des Universitätsklinikums Rudolf Virchow der FU Berlin
Platanenallee 23
Tel.: (030) 3003-1, -8110
Telefax: (030) 3044736

12683 Berlin
Abteilung für Kinder- und Jugendpsychiatrie
Wilhelm Griesinger Krankenhaus
Brebacher Weg 15
Tel.: (030) 5247325

15907 Lübben
Klinik für Kinder- und Jugendpsychiatrie
Landesklinik

Luckauerstraße 17
Tel.: (03546) 290

18147 Rostock
Abteilung für Psychiatrie und Neurologie des Kindes- und Jugendalters der Universitätsnervenklinik Rostock
Gehlsheimer Str. 20
Tel.: (0381) 4949521

35039 Marburg
Klinik und Poliklinik für Kinder- und Jugendpsychiatrie der
Philipps-Universität Marburg
Hans-Sachs-Str. 6
Tel.: (06421) 283051
Tel. für Anmeldung: (06421) 283072
Telefax: (06421) 285667

37075 Göttingen
Abteilung für Kinder- und Jugendpsychiatrie der Georg-August-Universität
von- Siebold-Str. 5
Tel.: (0551) 396727, 396610
Tel. für Anmeldung: (0551) 396647
Telefax: (0551) 398120

45770 Marl-Sinsen
Westfälische Klinik für Kinder- und Jugendpsychiatrie i. d. Haard
Halterner Str. 525
Tel.: (02365) 8020, 802200
Telefax: (02365) 802211

50931 Köln
Klinik und Poliklinik für Kinder- und Jugendpsychiatrie der
Universität zu Köln
Robert-Koch-Str. 10
Tel.: (0221) 4785337
Telefax: (0221) 478610

60528 Frankfurt a. M.
Abteilung für Kinder- und Jugendpsychiatrie der Universität
Frankfurt

Deutschordenstr. 50
Tel.: (069) 6301-1, (069) 63015843
Tel. für Anmeldung: (069) 63015920

68159 Mannheim
Kinder- und Jugendpsychiatrische Klinik am Zentralinstitut für
seelische Gesundheit
J 5
Tel.: (0621) 17030
Tel. für Anmeldung stationär: (0621) 1703-373
Tel. für Anmeldung ambulant: (0621) 1703-228
Telefax: (0621) 23429

80804 München
Heckscher-Klinik des Bezirks Oberbayern, Fachklinik für Psychia-
trie, Neurologie und Psychotherapie des Kindes- und Jugendalters
Heckscher Str. 4
Tel.: (089) 360970
Telefax: (089) 36097-201

93053 Regensburg
Klinik für Kinder- und Jugendpsychiatrie am Bezirkskrankenhaus
Regensburg
Universitätsstr. 84
Tel.: (0941) 941888

95445 Bayreuth
Kinder- und Jugendpsychiatrische Klinik
Nervenkrankenhaus des Bezirks Oberfranken
Cottenbacher Straße 23
Tel.: (0921) 283322
Telefax: (0921) 283555

97080 Würzburg
Klinik und Poliklinik für Kinder- und Jugendpsychiatrie
der Universität Würzburg
Füchsleinstr. 15
Tel.: (0931) 203309, -10
Tel. für Anmeldung: (0931) 203304

98646 Hildburghausen
Klinik für Kinder- und Jugendpsychiatrie der Landesnervenklinik
Hildburghausen
Eisfelder Str. 41
Tel.: (03685) 7760

99724 Nordhausen
Fachkrankenhaus für Kinderneuropsychiatrie
Alexander-Puschkin-Str. 17
Tel.: (03631) 4260

04107 Leipzig
Klinik und Poliklinik für Psychiatrie, Psychotherapie und Psycho-
somatik des Kindes- und Jugendalters der Universität Leipzig
Riemannstr. 34
Tel.: (0341) 3913614

07743 Jena
Abteilung Neuropsychiatrie des Kindes- und Jugendalters
(Arbeitsbereich Kinder-/Jugendpsychiatrie)
Universitätskinderklinik Jena
Philosophenweg 3-5
Tel.: (03641) 635320

Elterninitiativen:

Leider ist es noch wenig verbreitet, in Arztpraxen, Kindergärten und therapeutischen Einrichtungen die Adressen von Selbsthilfeorganisationen bekanntzugeben; deshalb hier die Angaben über die Dachorganisationen einer großen Anzahl von Elterninitiativen:

Bundesverband der Elterninitiativen zur Förderung hyperaktiver Kinder e. V.
Postfach 60
91291 Forchheim

Für Eltern, die überwiegend Interesse an einer Diätbehandlung haben:

Arbeitskreis überaktives Kind (AÜK)
Dieterichstr. 9
30159 Hannover

14 Glossar

ADHD:
attention deficit hyperactivity disorder, amerikanische Bezeichnung für Aufmerksamkeitsmangel und Hyperaktivität

Allergie:
Von der Norm abweichende Überempfindlichkeitsreaktion auf bestimmte Substanzen, bei denen der Körper mit Krankheitszeichen auf wiederholten Kontakt reagiert

Antidepressiva:
Mittel zur Behandlung von Depressionen, wirken antriebssteigernd, angstlösend, stimmungshebend

Computertomographie (CT):
Spezielles computergestütztes röntgenologisches Schichtaufnahmeverfahren mit zweidimensionaler Darstellung von Körperstrukturen

Dyskalkulie:
Rechenstörung, die nicht durch einen Mangel an Intelligenz verursacht ist

EEG(Elektroenzephalogramm):
Elektrische Messung von Hirnströmen

hyperaktiv:
Vermehrt aktiv, unruhig

hypoaktiv
Wenig aktiv, äußerlich ruhig

Legasthenie:
Lese- und Rechtschreibstörung, die bei normaler Intelligenz vorhanden ist

MCD (minimal cerebral dysfunction):
Heute eigentlich wieder weniger gebräuchliche Diagnose, die auf eine leichte Hirnschädigung hinweisen soll, ohne daß immer die Art der Schädigung festgestellt werden kann

Mototherapie:
Bewegungsbehandlung durch speziell geschulte Sportlehrer

Neuroleptika:
Im Gehirn wirksame Substanzen zur Behandlung von Erscheinungen wie Halluzinationen, Wahnbildung, sehr starker Angst und Erregung; es gibt gering und stark wirksame Medikamente

Neurotransmitter:
Chemische Übertragungsstoffe im Gehirn wie Serotonin, Dopamin und Noradrenalin

Psychopharmaka:
Im Gehirn wirksame Substanzen, die zur Behandlung von gestörten psychischen Funktionen eingesetzt werden

Psychostimulanzien:
Medikamente zur Verbesserung der Aufmerksamkeit- und Konzentrationsleistung

Sensomotorik:
Beziehung zwischen Reizen, die das Gehirn über die Körpersinne erhält (z. B. Berührung, Schmerz), und den Bewegungsabläufen der Muskulatur

Teilleistungsstörung:
Umschriebene Störung einer bestimmten Hirnfunktion wie Lesen oder Rechnen bei sonst normalem Leistungsvermögen

15 Literatur

Bücher für Kinder und Eltern

Hoffmann, H.: Der Struwwelpeter. Pestalozzi Verlag.
Bilderbuch
Lindgren, A.: Immer dieser Michel. Verlag Oetinger.
Lesebuch
Lindgren, A.: Michel aus Lönneberga, mit Bildern von Björn Berg.
Verlag Oetinger.
Bilderbuch
Schmitt-Teichmann, C.: Die Struwwelliese. Pestalozzi Verlag.
Bilderbuch mit fragwürdigem pädagogischen Ansatz

Bücher für Eltern, Erzieher, Lehrer und Ärzte

Calatin, A. (1993): Das hyperaktive Kind. W. Heyne, München.
Die Autorin ist Journalistin; es handelt sich um ein sehr umfangrei-
ches, verwirrendes Buch, das sich in vielen wissenschaftlich nicht
haltbaren Theorien verliert und ganz einseitig die Diätbehandlung
favorisiert.
Czerwenka, K. (Hrsg.) (1994): Das hyperaktive Kind. Ursachenforschung – Pädagogische Ansätze – Didaktische Konzepte. Beltz,
Weinheim.
Der Herausgeber ist Leiter des Institus für Schul- und Hochschul-
forschung in Lüneburg; das Buch enthält Verständnishilfen für
Lehrer im Umgang mit betroffenen Kindern.
Eichsleder, W. (1994): Unkonzentriert? Beltz, Weinheim.
Der Autor war Kinderarzt mit spezieller Kenntnis des hyperkine-
tischen Syndroms; das Buch ist aus seiner Erfahrung entstanden
und enthält auch umfassende Symptombeschreibungen.

Grissemann, H. (1991): Hyperaktive Kinder. Hans Huber, Bern, Stuttgart, Toronto.
Der Autor ist Professor für Sonderpädagogik in Zürich. Er ist selbst betroffener Vater und versteht sein Buch als Lehrbuch für Studierende in allen möglichen Bereichen der Pädagogik. Er hat Erkenntnisse aus Medizin, Neuropsychologie und Heilpädagogik zusammengetragen.

Hartmann, J. (1994): Zappelphilipp, Störenfried. Hyperaktive Kinder und ihre Therapie. Beck, München.
Die Autorin ist Journalistin. Sie beschreibt das Erscheinungsbild des hyperaktiven Kindes und den Stand der Forschung und Therapie, wie er zum Zeitpunkt der Erstauflage 1987 war.

Passold, M. (1993): Hyperaktive Kinder: Psychomotorische Therapie. E. Reinhardt, München, Basel.
Der Herausgeber ist Mototherapeut. Er gibt einen Einblick in die psychomotorische Pädagogik und Therapie; es kommen auch Autoren aus anderen Bereichen wie Medizin, Psychologie und Pädagogik zu Wort.

Prekop, J. und Schweizer, C. (1993): Unruhige Kinder. Kösel, München.
Die Autorinnen sind Psychologin und Kinderärztin und zeigen aus einem psychogenetischen und weltanschaulichen Aspekt heraus die Ursachen von Unruhezuständen – nicht nur beim hyperkinetischen Syndrom auf.

Selbsthilfegruppe: Das überaktive Kind – Erste Hilfe bei hyperaktiven Kindern – Die Ernährungsumstellung. Michaels Verlag, Peiting 1994.
Anleitung zur Durchführung von Diäten, die von dieser Elterninitiative favorisiert werden.

Steinhausen, H.-C. (Hrsg.) (1995): Hyperkinetische Störungen im Kindes- und Jugendalter. W. Kohlhammer, Stuttgart, Berlin, Köln.
Der Herausgeber ist Kinder- und Jugendpsychiater. Unter Mitarbeit namhafter Fachleute ist die Neuauflage eines Standardwerkes zum Krankheitsbild entstanden, das in erster Linie für Fachärzte und Psychologen gedacht ist; es ist auch lesenswert für Pädagogen und Eltern, die sich intensiv mit dieser Störung auseinandersetzen wollen.

Trott, G.-E. (1993): Das hyperkinetische Syndrom und seine Behandlung. J. A. Barth, Leipzig, Berlin, Heidelberg.
Der Autor ist Kinder- und Jugendpsychiater. Einer seiner wissen-

schaftlichen Schwerpunkte ist die Erforschung dieses Krankheitsbildes. Das Buch wendet sich in erster Linie an Fachleute.

Wender, P. H. (1993): Das hyperaktive Kind. Ravensburger, Ravensburg.

Der Autor ist amerikanischer Kinderpsychiater. Es handelt sich um die Übersetzung eines Standardwerkes, das die in den USA vertretene Haltung zu Diagnostik und Therapie aufzeigt.

Sachregister